Círculo Rojo

El día que dije basta

El día que dije basta

Erick Canale

Círculo Rojo
EDITORIAL

Primera edición: noviembre 2017

ISBN: 978-84-1317-043-5
Impresión y encuadernación: Editorial Círculo Rojo

© Del texto: Erick Canale
© Maquetación y diseño: Equipo de Editorial Círculo Rojo
© Fotografía de cubierta: 123rf - Michal Bednarek

Editorial Círculo Rojo

www.editorialcirculorojo.com

info@editorialcirculorojo.com

Impreso en España - Printed in Spain

A mis padres, Lella y Giampiero, por haberme hecho crecer así como soy, por haber aceptado siempre con amor mis defectos y mis virtudes; y por haberme apoyado de forma incondicional en todos los momentos de mi vida.

A todos mis amigos y amigas distribuidos por el mundo. Entre ellos Alberto, por ser aquel hermano que nunca tuve, por representarme otro fantástico ejemplo de emprendedor incansable y padre ejemplar; y a mi hermana barcelonesa Georgina, por ser el sol que es y por haber sido siempre la facilitadora de todo lo bueno que profesionalmente ha llegado a mi vida a partir de aquel día que dije "basta".

Por último, pero no por importancia, unas gracias especiales a Mercè Martí Arolas, excelente filóloga, escritora, coach literaria, pero sobre todo por ser el ejemplo de amiga que todo el mundo debería tener en su vida. Gracias por haberme acompañado y aguantado durante este fantástico camino creativo que ha sido escribir este libro. Sin ti, probablemente nunca hubiera llegado a publicar estas páginas, o quizá sí, pero seguramente hubieran llegado a ser muy diferentes y el proceso bastante menos divertido.

ÍNDICE

EL DÍA QUE DIJE BASTA

PRÓLOGO

Todos, en nuestro fuero interno, tenemos la aspiración de cumplir algún día nuestros sueños; pero no todos lo logramos. Por eso, sería muy bueno si recordamos esta frase y acto seguido nos detenemos a pensar y analizar cómo lo han hecho los que sí lo han conseguido.

Erick Canale, un ejemplo de persona que se encuentra en el club de los que sí lo han hecho, ha escrito este libro sobre el emprendimiento, que parece una guía de cómo hacer para conseguir que tus aspiraciones se hagan realidad. Erick ha sido uno de esos valientes que un día decidieron que podían cumplir su sueño de trabajar para sí mismos. El autor es una muestra viva de los requisitos del perfecto emprendedor: empuje, amor al trabajo, sentido de la responsabilidad, resistencia, inconformismo, conocimiento de los temas que trata, pero al mismo tiempo humildad bien entendida. En suma, liderazgo, afán de superación e ilusión de reinventarse constantemente.

"El día que dije basta" es un retrato no solo del escritor, sino de lo que podríamos decir que es el perfecto emprendedor: es decir, el que tiene un sueño y que tras decidir que es factible, coloca esa aspiración en su prioridad número uno, y sin pestañear, mueve todo a su alrededor hasta conseguir que sea una realidad.

El libro está repleto de casos reales, historias, consejos y hasta confesiones muy valiosas para el desarrollo profesional y personal, proporcionando una lectura como es la misma esencia de Erick: amena, sincera, estructurada y que consigue combinar de forma equilibrada el "yo profesional" con el "yo individuo".

Especialmente, uno de los fragmentos que más me llamó la atención fue el que Canale nos narra cómo fue el proceso de su cambio de contrato temporal a indefinido durante su etapa en Italia, en Bra:

"Ingeniero Canale, cuando decidimos contratarle no lo hicimos por los conocimientos técnicos que usted pudiera tener. Sepa que en el proceso de selección hubo perfiles con un currículum universitario mucho más notable que el suyo, se lo aseguro. Pero en aquel momento, lo que quisimos fue contratar a alguien que tuviera la humildad de empezar desde cero y la fuerza necesaria para, llegado el momento, quejarse y decir "no". Era lo que esperábamos.

Dejarle durante estos dos meses desarrollando actividades probablemente poco gratificantes para usted, sabíamos, desde el principio que, tarde o temprano, iba a frustrarle. Sólo estábamos esperando a ver si usted era capaz de dar el primer paso.

Hoy, con lo que me está transmitiendo, no sólo se ha ganado el cambio de contrato de temporal a indefinido. Se gana, también, la posibilidad de tener un nuevo rol dentro de la empresa y nuevos retos profesionales".

Esta narración, descriptiva y sincera, no solo nos muestra cómo el coraje y la iniciativa son un gran aliado si queremos avanzar profesionalmente, sino que nos enseña cómo la oportunidad y el respeto son otros factores también muy valiosos a la hora de ganarnos esa mejora en nuestra carrera profesional cuando ésta depende de otros.

Me parece sorprendente y de gran valor que precisamente sea un ciudadano italiano el que escriba un libro para emprendedores basado en su experiencia principalmente en España. Erick siempre me comentó que le llamaba la atención que, a muchos españoles, a veces les cuesta atreverse a poner en marcha proyectos empresariales… pero él apela a la parte aspiracional que todos tenemos, al deseo de emprender entendiendo esto como una forma de alcanzar la felicidad. Y en este sentido, trata de incitar a que todos lo hagamos cuanto antes.

Erick publica su libro en un momento especialmente delicado en Europa y en España. Las circunstancias por las que estamos atravesando en nuestro país nos impiden ser optimistas. Por suerte, este libro es una oda a la esperanza, al entusiasmo, a la iniciativa y también a la disciplina del esfuerzo y del sacrificio. Este libro es un acto de generosidad por parte de Erick, quien voluntariamente sacrifica su tiempo para escribir estas páginas y compartir sus experiencias y análisis para contribuir a un mundo más justo, más saludable anímicamente. Gracias amigo por enseñarnos a través de este libro a alcanzar nuestro sueño, por ayudarnos a ser felices, o un poco más por lo menos.

Rosa Soto | Chief Marcom Officer en HISPANOPOST MEDIA GROUP

CARTA DE LUIS

Amistad y trabajo, dos términos mayores que a muchos les cuesta imaginar que puedan ir de la mano, pero en lo que yo siempre he creído y siempre he defendido. Y aquí estamos, con una prueba fehaciente de ello.

Mi querido Erick, ¿quién me iba a decir a mí que aquella cena en casa de nuestra amiga Georgina, en octubre de 2011, iba a ser tan crucial para mi desarrollo personal y profesional? Pero sí, hoy puedo decir bien alto y lleno de orgullo, que este amigo —palabra mayor—, al que ya denomino "bro", ha sido pieza clave y definitiva en todo lo que hoy soy.

Octubre de 2011 y a nuestra querida amiga Georgina se le ocurre organizar una cena en su casa porque intuía que entre Erick y yo podría surgir algo interesante... Mi querida amiga, esa intuición tuya fue real y aquí estamos los tres, de alguna forma y muy profundamente, conectados. La verdad es que podríamos decir que fue un amor a primera vista: noté una fuerza tremenda que me decía que aquel italiano que se sentó frente a mí en la cena tenía que estar a mi lado por mucho más tiempo. Y lo maquiné todo para que así fuera.

Poco a poco, pero que muy poco a poco, porque estábamos muy lejos todavía de hablar de amistad —y ahora es algo que aprecio más, sabiendo como sé lo cauto que es él a la hora de otorgar su confianza en algo o en alguien—, he vivido, con esta excepcional persona, experiencias de todo tipo; experiencias que me han enseñado a afrontar de una manera directa y clara muchos aspectos de la vida, sin dejar resquicios a la duda, respetándome él en mis carencias, pero siempre confiando en mis posibilidades.

Erick grabó en mi mente el término que hoy tenemos acuñado como "Money Oriented " y, desde entonces, todo mi entorno profesional y yo, hemos cambiado.

El "Money oriented" es la orientación hacia la rentabilidad de todo esfuerzo profesional, y cuando lo acuñamos, justo es decir que estábamos bastante dispersos en todo lo que era generación de expectativas y con poca orientación hacia la rentabilidad de las mismas. Tuvo que llegar él y poner orden a todo aquello. Y os garantizo lo bien que lo hizo. Desde entonces, mi empresa, HOYONLINE, es otra.

Todo esto que aquí resumo, no ha sido nada fácil. El camino ha estado lleno de altibajos, tanto profesionales como emocionales. Pero la claridad —y, hasta me atrevería a decir, clarividencia de Erick—, junto al respeto máximo que hemos tenido el uno por el otro, sabiendo quién era la otra persona y, sobre todo, cómo era, nos ha llevado a los éxitos de los que hoy podemos disfrutar juntos. Eso sí, como siempre te sigue haciendo saber, con alguna de sus frases aparentemente hirientes, que no debemos dejar de atender el detalle en el trabajo y en la amistad que nos une. Por cierto, a mí me encantan ese tipo de frases: me motivan; y mucho.

Mientras tanto, la vida va pasando y yo aspiro a merecer la felicidad en la mía. ¡Y qué mejor que intentarlo trabajando en aquello para lo que uno está dotado! — yo creo estarlo para la "comunicación".—

Así que, solo tengo palabras de agradecimiento para este inmigrante italiano al que quiero decir, por si no lo supiera aún, que hoy por hoy, soy lo que soy en gran parte GRACIAS a él. Y os puedo garantizar que no son palabras de relleno y que toquen decir. Son verdades como un templo y palabras sinceras de un amigo a otro amigo.

GRACIAS "BRO", ¡TE QUIERO!

Luis Jones Dougan – CEO en HOYONLINE

INTRODUCCIÓN

Si me preguntaran cuál es la principal misión de un ser humano en este lugar llamado mundo, sin duda alguna, contestaría que es encontrar la felicidad. Y cuanto antes, mejor... Es desde esta convicción que hoy escribo este libro.

Hubo un instante en mi vida en el que dije "basta". Dije "basta" a un estilo de vida del que me sentía ajeno. No era feliz... Hablo de un "estilo de vida" que no me permitía parar ni un minuto, que no me permitía reflexionar sobre si lo que estaba haciendo era lo que realmente quería hacer y, además, si lo que hacía estaba en línea con mis objetivos de vida y mis valores.

Lo cierto es que, desde el día que dije "basta", nunca me he arrepentido de haberlo hecho. Ese mismo día, me regalaron un cuadro con una frase de Confucio inscrita:

"Elige un trabajo que te guste y no tendrás que trabajar ni un día más en tu vida"

Ciertamente, nada representaba mejor lo que estaba persiguiendo, porque desde que emprendí mi nueva trayectoria profesional, no he vuelto a tener la sensación de trabajar... Trabajo, sí, pero sintiéndome en orden conmigo mismo: me dedico a lo que me gusta y lo hago en coherencia con mis valores.

En este libro intento trasladar mi experiencia, la historia común de un hombre corriente que a los 36 años dijo "basta" a un trabajo seguro y estable, en una prestigiosa multinacional. Un italiano afincado en Barcelona, ingeniero y amante de los viajes, de la energía de las buenas personas, que decidió, un día del año 2011, cambiar de vía... Vuelvo a conectar con los pasos que di hasta el instante de ese "basta" decisivo y con los pasos que di a partir de ese momento. Un antes y un después.

Lo hago por una necesidad personal. He de hacer balance y revisar lo vivido. Y lo hago, también, animado por el contacto con mis clientes, personas que han necesitado decir "basta" y que han puesto o están poniendo en marcha sus propios proyectos.

Somos muchos los que atravesamos por etapas profesionales difíciles que afectan a nuestra vida personal.

Somos muchos los que necesitamos reaccionar y reinventarnos, emprender nuevos caminos, vivir nuevas experiencias y tomar decisiones.

Somos muchos los que tenemos un proyecto que sabemos y sentimos que ha de proporcionarnos la felicidad anhelada...

Sólo que, a veces, entretenidos en el día a día, no es raro que estemos desconcertados y no sepamos por dónde empezar.

Como emprendedor, quiero exponer ciertos aspectos que, en ocasiones, pasan por alto cuando uno está ocupado en definir y conseguir su objetivo profesional.

Son aspectos básicos —según mi opinión y experiencia—, para tener éxito en el proyecto que se pone en marcha. Y guardan relación directa con el rigor en el trabajo y con lo mucho de humano y personal que invertimos en él, con el aprovechamiento respetuoso de lo mejor de nosotros mismos.

Cuando por fin empecé mi nuevo camino, me guió la intuición y algo de sentido común. Hoy me he dado cuenta de que los principios que vengo aplicando desde entonces son los que me están permitiendo poner las bases para mi "proyecto de vida" y salir adelante. Por esta razón, quiero compartir contigo lo que he aprendido, lo que sigo aprendiendo, para que puedan ser para ti, cuando menos, un punto de reflexión.

Las bases para mi "proyecto de vida" son la independencia económica y la flexibilidad con la que dispongo de mi tiempo, haciendo lo que me gusta y rodeado de la gente a la que quiero —exactamente lo que quería cuando dije "basta" a mi vida anterior—. Con estas bases claras y razonablemente consolidadas, estoy preparando el futuro… Pero esta es otra historia.

He llegado a la conclusión de que los principios que sustentan mi independencia económica y la flexibilidad con la que dispongo de mi tiempo, son 20 en total: 10 reglas operativas + 10 reglas de oro. De ellas quiero hablarte.

También quiero hablarte de cómo estas reglas están presentes, de un modo u otro, en las tres fases que un emprendedor vive desde el instante en que se dice a sí mismo "basta" a una situación profesional —y personal— que no le satisface y empieza su camino hasta poner en marcha su nueva vida. He llamado a estas tres fases: Fase Sherlock Holmes, Fase Cristóbal Colón y Fase Neil Armstrong.

Creo firmemente en que todos tenemos derecho a soñar con la luna, nuestra luna, y todos tenemos la oportunidad de alcanzarla. Yo trabajo todos los días para alcanzar la mía y espero y deseo que este libro contribuya a que tú te atrevas a soñar con tuya y te pongas en marcha para llegar hasta ella...

¡Muchas gracias por compartir mi sueño y aquí estoy para lo que haga falta!

PARTE 1ª ALGO DE LA BIOGRAFÍA DE UN EMPRENDEDOR

No soy una persona especial, ni hay nada excepcional en mí, así que me da cierto reparo hablar de mí mismo. Sin embargo, es cierto que quiero "conectar" con los pasos que di hasta un momento determinado de mi vida y los que empecé a dar después: quiero recordar de dónde vengo. Este es uno de los motivos por los que nace este libro. El más personal.

Pero también es una manera de que me conozcas, de que sepas quién soy. Y, principalmente, es la mejor forma que se me ocurre de empezar a compartir contigo los 20 principios que quiero poner a tu disposición porque, de alguna manera, sabrás cómo he llegado a identificarlos y definirlos.
Así pues… "érase una vez…"

UN EMPRENDEDOR DE 10 AÑOS

Nací en agosto del año 1975, en Cuneo, la capital de la provincia del mismo nombre, en el Piamonte, Italia.

Mi ciudad está en una meseta que, como una cuña, emerge entre el río Stura y el torrente Gesso. Es un lugar de paso entre los Alpes marítimos y los valles que se abren camino hasta Francia, tierra de comerciantes y agricultores, que desde hace 40 años espera que acaben una autopista que la conecte con el mundo.

Fui un niño hablador al que le gustaba mirar la televisión y un estudiante "normal", nada extraordinario pero voluntarioso, al que le gustaban los retos: si alguien decía que algo era difícil, a mí ese "algo" ya me interesaba y quería comprobar, por mí mismo, si de verdad era tan difícil.

Nunca he sabido explicarme si esta temprana predilección por comprobar si algo es tan difícil como me dicen, es una manera de protegerme a mí mismo de un posible fracaso, una manera de tener una excusa, una forma de justificar ese fracaso, algo mucho más complicado si el fracaso llega haciendo algo fácil… En cualquier caso, siempre he tenido la convicción de que los humanos damos lo mejor de nosotros mismos en los momentos complicados, porque es entonces cuando llevamos al límite nuestras capacidades y recurrimos al potencial de nuestro instinto de supervivencia, lo que nos permite lograr metas que, sin enfrentarnos a retos de este tipo, nunca hubiéramos pensado ser capaces de alcanzar.

Volviendo a lo nuestro… En este viaje breve a mis orígenes, me veo, a los diez años, negociando con mi madre una provisión de limones con los que hacer limonada para venderla después entre familiares y amigos, invirtiendo los beneficios en la compra de las cuerdas con las que fabricar pulseras que, de inmediato, ponía también a la venta… Comerciante como mis conciudadanos, ideaba "productos" que ofrecer y que promocionaba con irreductible convicción. ¡Parece que lo de emprender lo llevo en la sangre!

He mencionado a mi madre. Es justo decir que ella siempre se ha preocupado por mi bienestar, por mi tranquilidad, porque tenga una vida feliz. Probablemente es a ella a la que debo que la felicidad sea un valor tan importante para mí, mientras que a mi padre le debo el sentido del deber y la exigencia por actuar "correctamente, hagas lo que hagas; y sin deber nada a nadie."

En 1994 y después de que a alguien se le ocurriese decir que "la Ingeniería es una carrera difícil", me mudé a Turín para estudiar Ingeniería en Organización de Empresas, en la Universidad Politécnica.

Por primera vez, dejé atrás mi ciudad natal, en una premonición de lo que iba a ser mi vida en los años siguientes. Cierto es que cuando uno nace en una ciudad pequeña —bueno, no tanto, Cuneo tiene unos 55.00 habitantes…—, sin Universidad, es muy común que pase por la experiencia de instalarse, como estudiante, en otra ciudad, compartiendo piso con otros compañeros. Pero tampoco es raro que después, tarde o temprano, uno regrese a su ciudad de origen. A mí, el tiempo en Turín me reveló que difícilmente volvería a vivir en Cuneo porque, sencillamente, ya no iba a encontrar mi lugar allí.

El aislamiento de mi ciudad, me ha marcado desde niño. La expectativa, que hoy por hoy sigue parcialmente frustrada, de tener una autopista que nos acercase a Turín o a Milán, sigue siendo una reivindicación de los que fueron mis conciudadanos.

Curiosamente, sentirme tan lejos de todas partes, sirvió para que, siendo un muchacho, Internet me fascinase: Internet fue para mí la autopista que Cuneo no tenía. Por fin tenía el mundo al alcance de la mano.

En el año 2000, preparando mi graduación, hice un "stage" de seis meses en una multinacional del sector de la logística. Fuera de las aulas, incorporé en mi ADN la importancia de contribuir a que las "cadenas de producción" funcionen, que nada interrumpa la provisión de los suministros necesarios para que el producto llegue a buen puerto... Lo experimenté con un proveedor logístico, pero esta especie de metáfora me alcanzó de lleno: también los humanos formamos una cadena de producción cuando interactuamos entre nosotros y, con organización, nuestra capacidad para producir, para crear, se optimiza. En cierto modo, yo estaba en ésa etapa de mi vida, en el lugar correcto: un lugar en el que aprender y comprender.

Presenté mi tesis "Metodologías para el control de la calidad de un servicio logístico" y, en diciembre de aquel mismo año, me gradué. Ahora se trataba de empezar mi vida adulta y ponerme las pilas.

UN MOZO DE ALMACÉN

Aunque hubiese podido aprovechar algunos contactos personales y familiares para abrirme puertas en la industria de la comarca, yo las rechacé y busqué, por mí mismo, mi primer empleo. Se trataba tanto de no seguir el camino fácil, como de ponerme a prueba a mí mismo: si quería ser adulto, debía serlo desde el primer momento.

En marzo del 2001, con 25 años, tuve mi primera entrevista de trabajo. La organizaba una multinacional dedicada a la alimentación, originaria de mi provincia, y con el prestigio que le otorgaba el garantizar estabilidad y seguridad a sus trabajadores.

Aquella mañana, estaba muy emocionado: la vida me ponía delante la primera oportunidad de alcanzar la libertad financiera que había estado deseando durante mucho tiempo. Además, con la expectativa de tener un trabajo fijo, con una proyección de futuro tranquila, estable y segura.

El proceso de selección duró dos meses. Pasé por 7 entrevistas y, por fin, firmé mi primer contrato: un contrato temporal como mozo en un pequeño almacén. Sí, es cierto, me extrañó que una empresa tan renombrada estuviese buscando a un ingeniero para cubrir un puesto que, aparentemente, no parecía requerir de una persona con cualificación universitaria… Pero sabía que, profesionalmente, tenía que empezar por alguna parte y, como ya he dicho, no fui un estudiante particularmente brillante, así que mi currículum universitario tampoco lo era: no podía ser extremadamente selectivo en la búsqueda del que iba a ser mi primer empleo.

Además, aunque nacido en un país en el que se da mucha importancia a los títulos como Doctor, Ingeniero o Abogado, yo siempre he ido, en esta cuestión, un poco a la contra. Admito estar contento por haber podido acabar en un plazo bastante corto mis estudios universitarios, pero también soy consciente de que si pude hacerlo fue gracias a una familia que me dio los recursos necesarios para hacerlo. Sé perfectamente que en el mundo hay muchas personas que hubiesen podido acabar mi carrera de forma mucho más sobresaliente que yo, pero que por la falta de los recursos que yo sí tuve, ni pudieron intentarlo.

Tener estudios universitarios, qué duda cabe, te abre puertas y te permite, potencialmente, acceder a trayectorias profesionales más ambiciosas; aunque la realidad nos demuestra que, en muchos casos, un universitario destacable puede terminar obligado a acomodarse a una vida laboral definida por la empresa para la que trabaja más que por sí mismo... Quiero decir que, finalmente, somos las personas las que tenemos que saber utilizar, siendo o no universitarios, las herramientas que tenemos a nuestro alcance para seguir adelante.

Decía, unas líneas más arriba, que fui contratado como mozo de almacén. El almacén estaba en Bra —una pequeña ciudad famosa por su producción de quesos— y me instalé en Cherasco —otra ciudad pequeña, con un precioso casco antiguo, dedicada a la agricultura y gradualmente industrializada—, en un piso en el que, por primera vez, viví solo.

Después de dos meses, física y mentalmente, muy duros, ocupado en descargar camiones, ordenar el almacén y preparar pedidos, tuve la convicción de que necesitaba dar un giro radical a mi actividad: aquel camino que había empezado a recorrer con tanta ilusión, no me hacía feliz.

Una mañana, me armé de coraje. Con la mejor voluntad, pedí formalmente a mi jefe jerárquico una entrevista con el director de la división a la que pertenecíamos.

Pocos días después, de manera inesperada para mí, llegó la entrevista solicitada.

Había sido un día especialmente complicado: una huelga sindical casi había paralizado toda la actividad del almacén y el trabajo se había acumulado de forma preocupante… Llevaba desde las siete de la mañana encerrado en aquel lugar y lo único que quería era que llegase la tarde para poder irme a casa a descansar. Pues bien, precisamente aquel día, el director de división se presentó en las oficinas del almacén: había decidido escucharme y había decidido hacerlo, para mí, en el peor día posible.

Especialmente cansado después de aquella jornada febril, incómodo con mi situación profesional, estaba bastante convencido de que aquel no era el trabajo de mis sueños. Al mismo tiempo, tenía muy presente que, cuando hablase con el director, no quería parecerle un tipo demasiado ambicioso, incapaz de valorar en su justa medida la oportunidad que la empresa me estaba ofreciendo. Además, estaba todavía en período de prueba… Sinceramente, no sabía cómo plantearle mi posición, aunque sí sabía perfectamente que, en los pocos minutos de conversación que íbamos a tener, tenía que jugar mis mejores cartas y de la manera más inteligente.

Conté, literalmente, hasta diez y subí con determinación los dos tramos de escaleras que separaban el almacén de las oficinas.

Ya eran las 8 de la noche cuando el director de división y yo nos encontramos en el despacho de mi jefe que, por cierto, precisamente aquel día había decidido irse antes a casa… —nunca supe si lo hizo para no asistir en directo a mi probable suicidio profesional, o si lo hizo, simplemente, para no añadir más tensión a la que ya se respiraba en el ambiente—.

El director me dejó hablar un buen rato, mirándome fijamente y sin pronunciar ni una palabra, de la manera que solo sabe hacerlo, en esta clase de situaciones, un ex responsable de Recursos Humanos —lo que él era—.

Cuando terminé de hablar, cambiando de postura, por fin habló. Lo hizo muy pausadamente. Me dijo:

"Ingeniero Canale, cuando decidimos contratarle no lo hicimos por los conocimientos técnicos que usted pudiera tener. Sepa que en el proceso de selección hubo perfiles con un currículum universitario mucho más notable que el suyo, se lo aseguro. Pero en aquel momento, lo que quisimos fue contratar a alguien que tuviera la humildad de empezar desde cero y la fuerza necesaria para, llegado el momento, quejarse y decir "no".

Usted demostró la humildad suficiente para aceptar un contrato como mozo de almacén a pesar de su cualificación. Solo quedaba comprobar si tenía la fuerza necesaria para decir "no". Era lo que esperábamos.

Dejarle durante estos dos meses desarrollando actividades probablemente poco gratificantes para usted, sabíamos, desde el principio, que tarde o temprano iba a frustrarle. Solo estábamos esperando a ver si usted era capaz de dar el primer paso.

Hoy, con lo que me está transmitiendo, no solo se ha ganado el cambio de contrato de temporal a indefinido. Se gana, también, la posibilidad de tener un nuevo rol dentro de la empresa y nuevos retos profesionales". Hizo una pausa y una sonrisa se dibujó en sus labios. Con voz firme —a mí me pareció terriblemente firme—, añadió: "Ha sido como cuando un niño pone un gatito en una bañera llena de agua y espera a ver la reacción del pobre animal…".

Recordaré estas palabras toda mi vida. El director me revelaba que la empresa había sido como el niño del cuento y que yo, sin saber que ese era mi papel, había sido el gatito. Durante mis primeras semanas en el almacén de Bra, mi única preocupación había sido hacer bien mi trabajo, mientras que a la empresa no le importaba mucho que yo lo hiciese bien o mal, sino comprobar si era capaz de llegar a quejarme y decir basta…

Aquella noche, llegué a casa más frustrado que nunca. Sentía que me habían tomado el pelo, que habían experimentado a mi costa, que habían ofendido mi dignidad… Me acosté y enfebrecí.

La realidad —que entonces no supe ver—, era que acababa de recibir una gran enseñanza por parte de la empresa: nunca podemos quejarnos cuando nosotros somos los primeros que no hacemos nada para que las cosas cambien de rumbo.

Es bastante típico encontrarse, en las empresas, a empleados quejándose, todo el tiempo, por todo: por tener un sueldo que no está a la altura de sus expectativas, por la supuesta mala organización laboral, por tener que aguantar a un jefe maleducado, por tener que asumir las decisiones de la empresa que no se comparten... Con el tiempo, cuando he comprendido la enseñanza que me había transmitido el director de división, en mis días en el almacén de Bra, he llegado a la conclusión de que en estas situaciones —y en cualquier otra similar—, solo podemos hacer 3 cosas:

1.- Aguantar sin que nos afecten.

2.- Irnos de la empresa, buscando un nuevo destino en el que podamos sentirnos mejor.

O

3.- Quejarnos continuamente sin tomar ninguna acción para que la situación —la nuestra y la de la empresa—, cambie.

Si te sientes identificado con la última de estas tres opciones, te invito a que reflexiones seriamente porque, vivir en un estado de queja continua, tiene un impacto físico y emocional que, tarde o temprano, te pasará factura.

Si no estás satisfecho con lo que haces o con el ambiente de trabajo en el que te encuentras, empieza a mover ficha para que esto cambie. No, no te estoy diciendo que te despidas mañana de la empresa. Probablemente, tienes responsabilidades personales, además de las profesionales, que te lo impidan. Solo te propongo que analices lo que te está ocurriendo y que lo hagas desde una actitud constructiva, identificando todo aquello que está en tu mano para cambiar esa realidad que tanto te desagrada. Es más, una vez dejes de lado el "mantra" de la queja permanente, verás cómo las cosas, mágicamente, empezarán a cambiar…

POR FIN: EL TRABAJO DE MIS SUEÑOS

En el plazo de un mes, fui nombrado responsable de planificación de la plataforma logística de la empresa en Milán. De nuevo, me mudé de casa, de ciudad y, esta vez, de provincia y de región.

Atrás quedó mi Piamonte natal. Ahora iba a trabajar y a vivir en la Lombardía. Trabajaba en Liscate y vivía en Treviglio, en la provincia de Bérgamo.

Durante cuatro años trabajé al lado de un equipo humano excelente y con un jefe genial. Fueron cuatro años intensos y muy enriquecedores... Hasta que el trabajo empezó a ser algo automático.

Sin estímulos nuevos, aquel el niño de Cuneo que siempre probaba lo "más difícil" me hizo comprender que había llegado el momento de cambiar: el gatito en la bañera llena de agua necesitaba nuevos objetivos.

Desde mis años en la universidad, soñaba con tener una experiencia profesional en el extranjero: era la oportunidad de conocer una realidad diferente. Por segunda vez en mi vida, tomé la iniciativa de dirigirme a la empresa y pedir la oportunidad de ser trasladado a una delegación fuera de Italia.

La empresa me invitó a proponerle qué destinos serían mis favoritos.

El primero que elegí fue España por el cariño que desde siempre le he tenido a esta tierra. La segunda opción fue Suecia, porque los países nórdicos siempre han capturado mi atención y despertado las ganas de pasar allí una temporada, y tercero, Australia porque, si iban mal las primeras dos opciones, no se me ocurría en aquel momento un destino más lejano y más fascinante en el mundo.

Las casualidades —si creemos en ellas—, quisieron que mi director en aquella época, se jubilara. De no hacerlo, su destino hubiese sido el departamento comercial de la filial ibérica de la empresa, que estaba en Barcelona. Ese acabó siendo mi destino.

Conocía la ciudad. Había estado varias veces de vacaciones y siempre, al volver a Italia, pensaba que algún día viviría en ella. Mediterránea, bella y abierta al mundo, sentía que Barcelona podía ser mi casa.

El día que dejé Milán, lo hice con mucha tristeza, pero aún era mayor la ilusión por todo lo que me esperaba en la nueva etapa que estaba a punto de empezar.

El 30 de noviembre del año 2004, a los 29 años, me fui de Italia, camino de Barcelona.

Siempre recordaré aquel viaje.

Mis amigos me habían regalado ocho CD para que los escuchara en un orden determinado durante el trayecto que me esperaba: querían que la música, una música muy concreta, me acompañase a lo largo de los quilómetros que tenía por delante. Alberto, uno de aquellos amigos de toda la vida que uno podría tranquilamente definir como hermano, me empujaba especialmente con su energía hacia mi nuevo destino. Él estaba más seguro que yo mismo de que ése era, exactamente, el paso que tenía que dar.

La fuerza que Alberto me supo transmitir en mi viaje a Barcelona, me hizo recordar que fue él, precisamente, quien unos años antes, con su experiencia en Finlandia, como estudiante en el programa Erasmus, me había hecho nacer las ganas de querer dedicar un tiempo de mi vida a vivir lejos de los Alpes. Pasé cuatro semanas de vacaciones visitándole y fue toda una revelación que afianzó mi deseo de, en efecto, tener yo mismo una experiencia sólida, vital y profesional, en el extranjero.

Cogí carretera y, mientras conducía, tuve la intensa sensación de que estaba muy cerca de lo que para mí era la felicidad.

Pasé casi un día entero recorriendo los 1.000 quilómetros que separan Milán de Barcelona. Eran las siete de la tarde cuando llegué a mi destino. Atrás quedaba un viaje sencillamente extraordinario, lleno de recuerdos y nostalgia, de sueños e ilusiones, una mezcla explosiva que había logrado dispararme la adrenalina.

Estaba listo y con muchas ganas para afrontar mi nueva vida.

ESTOY EN BARCELONA

Los días en Barcelona pasaron muy de prisa.

Trabajaba mucho. Era un mando intermedio en el área de planificación y quise adaptarme a una forma de trabajar diferente a la de Italia porque, al fin y al cabo, buscaba conocer, comprender y aprender una realidad nueva y distinta...

En caso de que la vida te lleve, también a ti, a una experiencia personal o profesional en el extranjero, te sugiero que la vivas, desde el primer segundo, con el menor número posible de prejuicios, sin comparar entre tu país de origen y tu nuevo destino. Lo fantástico de estas situaciones es poder enfrentarnos a una realidad diferente de la que procedemos, sumar vivencias que no se corresponden con las que siempre hemos vivido. Una mente abierta te ayudará a vislumbrar nuevos horizontes y, sobre todo, te ayudará a crecer profesional y personalmente.

Durante cuatro años estuve dedicado en cuerpo y alma a la empresa que me proporcionaba estabilidad, seguridad y un buen sueldo.

Vivía bien. Incluso se podría decir que muy bien. Pero con mucho estrés.

Tanto era el estrés que, como ganaba un buen sueldo, tenía que materializar de alguna manera todo el tiempo dedicado, con tanta intensidad, a la empresa. Y, además, tenía que materializarlo en las mismas cosas —o parecidas— que mis compañeros de trabajo. Existía una presión ambiental que nos hacía compartir una misma manera de ocupar nuestro tiempo libre: viajar.

A mí siempre me ha gustado viajar, es cierto. Me sigue gustando mucho. Así que podía sentirme feliz de pasar un fin de semana en París, por ejemplo. Sin embargo, dentro del mundo del que formaba parte, ya no se trataba solo de viajar, sino de viajar de una cierta manera: ir a ciertos hoteles, a ciertos restaurantes... En ocasiones, tuve la impresión de "gastar por gastar".

Todo porque el estrés no me llevase a la frustración. Todo porque estaba formando parte de un estilo de vida determinado.

Hoy, con la distancia que me aportan los años, me doy cuenta de que, detrás de aquel estilo de vida, en realidad, había una necesidad muy básica: trabajar tantas horas y dedicar tantos recursos personales y profesionales a la empresa, crea, automáticamente, la necesidad de contrabalancear estos esfuerzos en la manera cómo ocupar el poco tiempo libre que te queda.

Periódicamente, necesitaba materializar el fruto de tanto estrés acumulado. Necesitaba recompensarme a mí mismo por la falta de tiempo libre en la que, realmente, vivía. Y necesitaba —o eso creía—, poder permitirme cosas que no todo el mundo se podía permitir —esos viajes relámpago a París, yendo a ciertos hoteles, a ciertos restaurantes…—. Hoy me pone la piel de gallina haber vivido tantos años así: no puede haber nada peor que las ganas de gastar para justificar tanto esfuerzo, en el fondo, frustrante.

Si te sientes identificado con lo que acabo de explicar, me gustaría compartir contigo la evidencia de que he hablado de una necesidad que solo creamos nosotros mismos, una necesidad que se esfumará cuando cortes por completo con este estilo de vida. Y es que una de las cosas que agradezco a mi nueva vida es que he podido disfrutar, otra vez y al máximo, de las pequeñas cosas, aunque no representen ni sean signo de ningún estatus social.

En cualquier caso, para ser honestos, en conjunto las cosas me iban bien en mi experiencia laboral en Barcelona.

Me hacía feliz estar viviendo en una ciudad que me encantaba. Tuve miedo de que, a fuerza de irla conociendo, dejase de gustarme. Pero no, eso no pasó. Y mi trabajo me gustaba.

La empresa contribuyó a que me siguiese formando en la universidad con un master en planificación y logística. Además, por el puesto que ocupaba, adquirí una visión global, muy completa, de lo que es una empresa y de cómo se relacionan los distintos departamentos que la componen. Algo que hoy me es muy útil.

Sí, aparentemente, todo estaba bien; muy bien.

EL GATO SE REVUELVE: EL DÍA QUE DIJE BASTA

Durante mucho tiempo, escondí en la memoria la imagen del gatito atrapado en el almacén de Bra. Como una fotografía vieja, quedó oculta entre otros recuerdos, esperando el momento en que la necesitase para volver a la luz. Y ese momento, llegó.

El director general organizó, en una casa rural, a unos cien kilómetros de Barcelona, una formación de 3 días para directivos y mandos intermedios. El objetivo de aquella cita era aprender a trabajar en equipo, en una sana colaboración entre departamentos, para que la empresa alcanzase los ambiciosos objetivos de venta que se había fijado y que, sin duda, merecía.

Llegamos a la casa de noche, muy tarde. Todavía pesaba sobre todos los trabajos exhaustivos de las horas previas a nuestro viaje a Girona. Compartíamos la impresión de que no íbamos a ser capaces de dejar nuestra vida cotidiana al otro lado de la puerta, que no íbamos a ser capaces de disfrutar de las dos jornadas que teníamos por delante.

De eso hablábamos mientras esperábamos en una sala que daba a un jardín interior, al otro lado de unos ventanales. Fuera todo estaba oscuro.

El formador salió a nuestro encuentro. Antes de ir a cenar, quería saludarnos y dirigirnos unas primeras palabras. Se expresó con claridad y contundencia.

"Muy buenas noches –dijo-. En primer lugar, quiero agradecer vuestra participación en esta experiencia. Vamos a pasar juntos las próximas cuarenta y ocho horas y, si hay algo que me gustaría que os llevaseis a vuestras casas de este tiempo que vamos a compartir, es la toma de conciencia de un principio fundamental: *nunca podemos ser en el trabajo personas distintas a las que somos en nuestra vida privada. Y viceversa. Pienso que todos compartiréis conmigo esta afirmación…, ¿verdad?*", y paseó su mirada incisiva y acogedora sobre todos nosotros.

Aquellas palabras resonaron en mi cabeza como un gong tibetano. Con la misma profundidad. Con la misma intensidad… Empecé a mirar a mis compañeros, uno a uno, buscando en sus caras alguna reacción: quería saber si ellos estaban experimentando lo mismo que yo… Sus cabezas se balanceaban ligeramente, asintiendo, aunque nadie pronunció ni media palabra. Pensé que estaban cansados. Mi mano se alzó impulsivamente, como si un resorte automático la guiase. El formador me dio la palabra, satisfecho, creo, al comprobar que, antes de que empezara el curso, ya estábamos ansiosos por participar.

"No, no estoy de acuerdo", dije sin pensármelo, pero con una idea muy clara de lo que quería decir porque sabía muy bien qué estaba sintiendo. "Si en mi vida privada fuese como soy en mi vida profesional, muy difícilmente tendría amigos que pudiesen aguantarme, y si en mi vida profesional fuese como en mi vida privada, entonces, probablemente, hoy no estaría aquí". Mi voz sonó firme, clara, segura. Hablé desde una absoluta convicción. Incluso tuve la impresión de que mis palabras retumbaban en las paredes.

El formador agradeció mi intervención y, mirándome de frente, me dijo muy respetuosamente:

"Entiendo tu punto de vista porque, hasta hace unos pocos años, yo pensaba exactamente lo mismo. Te pido que trabajemos esta cuestión que has planteado porque es fundamental. Pasamos más tiempo con nuestros compañeros de trabajo, con nuestros jefes y colaboradores que con nuestras familias y nuestros amigos;

pero cada uno de nosotros, en uno y otro lugar, somos siempre una sola persona, con sus defectos y con sus virtudes.

Vivir una dualidad tan acentuada entre un yo-profesional y un yo-personal, tarde o temprano pasa factura.

Así que me permito sugerirte que te replantees tu posición, que te des cuenta de que nadie ni nada en el mundo se merece que tú actúes de una forma distinta según el lugar en el que te encuentres y según con quién estés.

Pero mejor vamos a cenar y mañana por la mañana empezaremos a trabajar".

Sonrió y nos invitó con un gesto a pasar al comedor.

Yo me senté a la mesa pensando "¡claro!, ¡eso lo dice él que es su propio jefe, que trabaja por su cuenta y que le pagan por ser como es!, ¡así, sí que es fácil". Creo que estaba un poco enfadado con el amable formador, solo por no enfadarme conmigo mismo.

Una vez en mi habitación y sin poder conciliar el sueño, todavía no fui capaz de dar el siguiente paso. No me atreví a colocarme delante del espejo y decirme a mí mismo: "si él lo ha hecho y vive feliz, ¿por qué yo no puedo lograrlo?". No me atreví a hacerlo, pero desde aquella noche esta reflexión estuvo trabajando en mi cabeza… Todavía no lo sabía, pero apenas cuatro meses más tarde, unos días antes de las Navidades del 2010, viviría otro momento clave de mi vida profesional.

Como pasa en casi todas las empresas, cerca ya de fin de año, en la mía llegó el momento de hacer balance, en el que los jefes expresarían su valoración sobre nuestro desempeño profesional y se nos comunicarían las expectativas, tanto salariales como de responsabilidad, que la empresa quería otorgarnos a sus empleados.

Mi jefe directo había llegado de Luxemburgo con la intención de darme lo que la empresa consideraba que iba a ser mi regalo de Navidad.

Agradecidos por el esfuerzo y el desempeño en mi trabajo, me iban a ofrecer una promoción profesional muy importante: se me pidió mudarme a otra capital europea, posicionada estratégicamente entre Europa y Asia, con responsabilidades muy interesantes, un sueldo casi doblando al que percibía en aquellos momentos, y beneficios en especie. Era una de esas propuestas a las que no se le puede decir que no.

Escuché atentamente a mi jefe y, cuando terminó de hablar, le miré fijamente a los ojos y le contesté:

"Toda mi vida estaré agradecido a esta empresa. Me ha hecho crecer como profesional y como persona. Pero hoy estoy convencido de que nuestros caminos se han de separar. Ha llegado el momento. He entendido que tengo que hacer todo lo posible para ser *profesionalmente* feliz, una felicidad que no depende exclusivamente de algo económico, es una felicidad que encuentra su razón de ser en querer vivir la vida que quiero vivir, dedicando todo mi esfuerzo en crear mi propio proyecto".

Mi jefe, incrédulo, volvió a repetirme la oferta que la empresa me acababa de hacer. Y yo, le repetí mi decisión.

Curiosamente, comprobar la confianza que la empresa depositaba en mí y en mi trabajo, sirvió para convencerme, aún más, de que había llegado la hora de marcharme. Era lo éticamente correcto. De lo contrario, si aceptaba aquella proposición, iba a empezar una etapa en la que no iba a poder dar la entrega y la convicción que la empresa se merecía. Ni mi cabeza, ni mi corazón, estaban ya allí.

Hubo amigos y familiares que me invitaron a aceptar la propuesta por algunos años… "¿que más te da? Te sacrificas unos años y, al final, te podrás ir con un buen dinero ahorrado en tu cuenta bancaria"… Bueno, ésta nunca ha sido mi forma de pensar. Nunca hubiese podido empezar una nueva etapa profesional en mi empresa pensando en su fecha de caducidad. En mi opinión, cuando una empresa paga a un trabajador, tiene derecho a exigir su máximo compromiso, precisamente lo único que yo ya no podía darle a la mía.

Pasé los siete meses siguientes preparando mi relevo. Después, en julio del 2011, a punto de cumplir los 36 años, traspasé la puerta y la cerré a mis espaldas para siempre y de la manera en la que me habían enseñado a hacer

las cosas mis padres: sin tener, en ningún momento, la sensación de tener créditos o deudas con nadie.

Me sentí aliviado y agradecido a partes iguales.

Otra vez en mi vida, había dicho "basta".

Ahora, tenía muchas ganas de ponerlo de nuevo todo en cuestión para seguir creciendo y aprendiendo.

LA FELICIDAD

¿DE VERDAD PUEDO SER FELIZ?

"Entonces, ¿usted si cree que yo puedo ser feliz en mi vida?"
Agosto 2012, Matamoros (México)

La Felicidad.

Según el Diccionario de la Real Academia de la Lengua Española, "felicidad" es

1. f. Estado de grata satisfacción espiritual y física.

2. f. Persona, situación, objeto o conjunto de ellos que contribuyen a hacer feliz. Mi familia es mi felicidad.

3. f. Ausencia de inconvenientes o tropiezos. Viajar con felicidad.

A mí me parece una palabra enorme. Enorme.

Les expliqué a mis padres que había decidido dejar mi trabajo en la multinacional durante un viaje a Nueva York, que hicimos juntos para celebrar el cumpleaños de mi madre. Lo recuerdo como si fuera ayer: estábamos en Washington Square Park, en el sur de la isla de Manhattan, en el barrio de Greenwich Village.

Mi madre, como siempre que tomo decisiones importantes en la vida, me hizo una sola pregunta: "¿y esto te hace feliz?". Y mi padre, después de tomar asiento, añadió "adelante, cuenta con nosotros. Siempre nos vas a tener a tu lado". No entraron en más detalles, simplemente, me apoyaron.

EL EMPRENDEDOR NECESITA SER Y SENTIRSE APOYADO

Es justo reconocer que, aunque sabía que había hecho lo que tenía que hacer, estaba asustado.

Cuando uno deja atrás un estilo de vida que garantiza estabilidad, seguridad económica y una carrera ascendente, solo porque quiere "ser feliz", experimenta una especie de vértigo. Es como si, sin ser un nadador experto, te vieses abandonado en medio del mar: tendrás que acostumbrarte a ese mar y a nadar. A punto de cumplir los 36 años, acababa de decir adiós a la empresa que, hasta hacía apenas unos meses, iba a ser el resto de mi vida.

He hablado de mis padres. Saber que estaban a mi lado, como siempre, me reconfortó.

Para un emprendedor es muy importante sentirse apoyado, saber que las personas a las que quiere y que le quieren están con él. Un emprendedor vive una soledad muy íntima, sobre todo cuando da sus primeros pasos y experimenta miedo. Tiene dudas, "¿y si me estoy equivocando...?". Encontrar, entonces, el apoyo de tus seres queridos, de personas en las que confías, representa un alivio y un gran aliento.

Tenía también el apoyo de muchos amigos que me animaban a enfrentarme con positividad a mi nueva etapa, muy contentos por mí, llenos de confianza en mis decisiones y en mi futuro.

También hubo quienes me miraron asombrados, casi más asustados que yo mismo, y me preguntaron: "¿estás seguro de lo que has hecho?". ¡Solo les faltó decirme "¡estás loco!"! Tú te das cuenta de que te lo dicen de corazón, que están realmente preocupados por ti y se lo agradeces igualmente. Además, con sus preguntas, te ayudan mucho, porque te hacen revisar lo que has hecho y te hacen pensar en lo que has de hacer.

Todo sirve para que veas más claro que estás en el buen camino, para que tomes conciencia de la decisión importante que has tomado, para que creas que todo se puede lograr en la vida, porque, como dijo con mucha verdad Thomas Edison, "el genio" —y por lo tanto, en mi opinión, el éxito— "es un diez por ciento de inspiración y un noventa por ciento de transpiración". No dejes un trabajo fijo pensando que vas a trabajar menos…. Sobre todo, al principio —y quizás no solo—, trabajarás tres veces más que antes ganando tres veces menos. Pero, eso sí, lo harás animado por la ilusión de hacer crecer algo que es tuyo.

De este período de cambio, salí emocionalmente fortalecido.

Ahora, tenía que dar el paso siguiente, "actuar", porque el emprendedor ha de moverse. No se trata de lanzarse hacia cualquier lugar. Se trata de reflexionar y elegir qué hay que hacer para poner en marcha tu nueva vida. Es el instante que denomino START y que veremos más adelante.

UN AÑO SABÁTICO: VACACIONES, ECONOMÍA Y FORMACIÓN

Cada emprendedor ha de tener muy presente sus circunstancias en general y las económicas en particular.

En mi caso, disponía de algunos pequeños ahorros, pero no iban a durar para siempre, claro. Así que me planteé en qué y cómo invertirlos.

Mi primera decisión, fue tomarme unas vacaciones. Puede parecer una frivolidad, pero no lo fue. Cuando vivimos un cambio profesional —o personal— es importante que nunca la experiencia que se cierra afecte a la que está a punto de arrancar. ¿Qué solución mejor para favorecer el cambio que desconectar con un buen viaje?

Me fui un mes a Miami.

Ya había estado allí varias veces antes. Es otra de aquellas ciudades que siempre me han fascinado. Miami es una de las puertas de la América hispano-parlante y hay quienes la consideran la capital económica y social de este mercado. Un lugar con una intensa actividad comercial y una importante industria de la comunicación. Era, también, un buen lugar en el que ponerme a punto para mi nueva vida de emprendedor.

El mes que pasé en la ciudad, lo ocupé en perfeccionar mi inglés, pasarlo bien y conocer gente. Conocer gente significa conocer personas, un matiz muy importante.

Entré en contacto con emprendedores que habían decidido trasladarse hasta Miami para emprender, con historias de personas que estaban huyendo de la complicada situación económica española… Dicho de alguna forma, quise rodearme, a lo largo de un mes, de buenas personas y sus historias. Mi único objetivo: aprender de cada una de ellas.

Conocer personas significa estar en contacto con los demás, aprender de ellos. Te ayuda a crecer, te enriquece en todos los aspectos y es muy necesario profesionalmente. Volveré a hablar de la importancia de conocer personas más adelante.

Cuando regresé a Barcelona, un e-mail me informó de un Máster en Creación de Negocios en Internet que encajaba perfectamente con lo que deseaba aprender. Internet me había acercado al mundo cuando todavía vivía en Cuneo y ahora seguía formando parte de mi vida porque una de las cosas que quería —y quiero— es acercarme al mundo, formar parte de él.

Internet tiene un potencial extraordinario. Alcanza el mundo entero, con una economía de costes notable, lo que contribuye a la creación, promoción y crecimiento de negocios. Quería dedicarme a "eso". Así que volví a ser estudiante.

Nunca hay que dejar de formarse. Formarse significa estar al día, mantener el pulso con la actualidad, estar despierto, tener la mente alerta, no detenerse. También significa corregir las carencias que uno tiene. Por ejemplo, un emprendedor tiene que saber comunicarse de la mejor manera posible con sus clientes y proveedores, entender sus necesidades y establecer un grado de empatía con ellos que le permita cerrar y mantener sus relaciones comerciales con ellos. Y este era un aspecto para el que, cuando empecé, no me sentía suficientemente preparado. Así que estudié Programación Neurolingüística y, después, consciente de la fuerza que tiene el lenguaje tanto en una relación comercial como personal, continué profundizando con un máster en Coaching con PNL.

No te estoy obviamente invitando a que te apuntes a un curso de PNL si no es lo que necesitas, lo que te invito es a que analices atentamente tus carencias e identifiques entre ellas las que puedan representar un obstáculo en tu nueva etapa para que puedas decir cómo actuar al respecto, qué medidas tomar.

Hablaba al principio de la situación económica. La mía se basaba, como ya he dicho, en mis ahorros. Una parte los había destinado a mis "vacaciones" en Miami, otra al máster que estaba estudiando… Aún tenía algo de reserva, pero revisé mi economía.

Opté por reducir los gastos fijos y pioricé cuidar mis inversiones.

¿Cómo?. Por ejemplo, vendí mi coche, una comodidad absolutamente inútil en mi caso; ya que viviendo en el centro de Barcelona y a dos paradas de metro de mi despacho, no lo necesitaba para nada. Hoy me doy cuenta de que cojo taxis muy a menudo y de que, a final de mes, no gasto ni la mitad del dinero que antes empeñaba entre parkings, seguros y gasolina.

Este criterio de economía lo sigo practicando en la actualidad en mi empresa y se lo recomiendo a todo emprendedor. Y aún cuando tu empresa vaya bien y viva una situación de crecimiento importante, sigue analizando bien todos sus gastos: siempre puede que, entre ellos, encuentres alguno inútil que recortar.

Un emprendedor que administra atentamente su economía está en mejores condiciones de aguantar la carrera de fondo en la que se convierte su vida. Porque "emprender" es una maratón en la que no importa tanto arrancar rápido como mantener el ritmo. Solo así se conserva la energía necesaria para poder seguir adelante, crecer y consolidarse.

"Emprender" exige fortaleza mental, resistencia y aprender continuamente. Por eso es importante contar con el apoyo de los seres queridos, formarse y cuidar la economía…

Pasaron los meses y, con el máster avanzado, ya estaba definiendo qué quería ser: un emprendedor que ayuda, estratégicamente, a otros emprendedores.

Además, estaba a punto de tener algunas de las experiencias decisivas en el giro que felizmente había dado mi vida. Y de todas ellas, me quedo con la que, a continuación y con mucho gusto, voy a compartir contigo.

MÉXICO

Una vez acabado el máster, en el año 2012, decidí que parte de mi inversión pasaba por nuevos viajes al extranjero. Pero esta vez los gastos tenían que pagarse con cursos y charlas que tuviese la oportunidad de dar allá donde fuera, porque, de lo contrario, no iba a poder financiarlos.

Antes he hablado de actuar: START. Hay un momento en el que, cuando te has preparado, cuando has pensado a qué te vas a dedicar, cuando estás orientando tu vida en la dirección que has elegido, ya debes ponerte en marcha en un sentido práctico. No has de precipitarte, pero tampoco has de demorarte demasiado. Si te precipitas y no has analizado todas las opciones que están en tus manos, puedes equivocarte. Si te demoras, puedes eternizar algo que solo cobra sentido y madura cuando lo llevas a cabo; así que, si lo retrasas, también puedes equivocarte.

En mi caso, decidí que, entre los estudios y la experiencia madurada en mis años en el mundo de la empresa, podía estar en condiciones de empezar a dar los primeros pasos como el asesor estratégico que había decidido ser. Por supuesto, aún tenía mucho que aprender; pero podía, honestamente, presentar a otros profesionales lo que había aprendido hasta ese momento: líneas de acción estratégica en el mundo online a las que aportaba mi experiencia en el mundo de la empresa, mis primeros proyectos online y, además, por qué no, podía hablar como emprendedor.

En julio estuve en México, en el Estado de Tamaulipas. Unos amigos mexicanos a los que había conocido en Barcelona, facilitaron aquel viaje. Conocer personas significa, muchas veces, descubrir que compartes intereses y que puedes colaborar con los demás. Con mis amigos mexicanos, lo habíamos hecho en Barcelona, "mi" territorio, y ahora íbamos a hacerlo en México, "su" territorio. Di algunas charlas y cursos a empresarios y emprendedores.

Desde México, volví a Miami en agosto. Fui nuevamente a practicar networking, a relacionarme con profesionales a los que había conocido, por ejemplo, a través de las redes sociales, y con los que había concertado, antes del viaje, citas para tratar personalmente qué era lo que teníamos en común y en qué proyectos podíamos colaborar. De aquellas entrevistas surgió la oportunidad de volver a la ciudad meses después, en noviembre, y dar una charla en la Cámara de Comercio Española. Una cosa había llevado a la otra.

Te cuento todo esto para que reflexiones sobre un punto: Internet, hoy, nos ofrece infinidad de oportunidades. A través de las redes sociales, como pueden ser Twitter o LinkedIn, podemos entrar en contacto con profesionales al otro lado del mundo que pueden transformarse en nuestros socios o partners.

El problema no es cómo encontrar el contacto que nos permita llegar a nuestro objetivo. Lo más importante es entender bien qué tipo de objetivo queremos alcanzar, qué necesitamos y qué podemos ofrecer a cambio. No te lances nunca a contactar con otros profesionales, dentro o fuera de la red, hasta que no tengas las ideas bien estructuradas, porque lo que podrías transmitir es una idea de baja profesionalidad.

Aproveché el viaje de noviembre a Miami, para luego regresar a México. Volví a Tamaulipas porque los contactos del viaje del verano me prepararon, esta vez, una charla en la ciudad de Matamoros.

Matamoros, que en huasteco —una de las lenguas mayas— significa algo así como "lugar donde se reza mucho", iba a reportarme una experiencia decisiva en mi vida y que nunca he olvidado.

Al sur de la boca del Río Bravo y colindando con la ciudad de Brownsville, Texas, EEUU, Matamoros es una ciudad difícil que, por el Tratado de Libre Comercio con América del Norte (TL-

CAN), es sede de las fábricas automovilísticas de la Chrysler, General Motors o Ford. Es, también, una ciudad tomada por el ejército.

El TEC de Monterrey es una institución pública de educación superior especializada en las carreras de Ingeniería, y mi tarea era dar una charla a los estudiantes de su sede de Matamoros sobre Internet y redes sociales como herramientas para, una vez licenciados, encontrar trabajo.

Reconozco que me inquietaba bastante estar frente a tantos estudiantes. Con emprendedores y empresarios, sabía desenvolverme. Pero, ¿iba a ser capaz de captar y retener viva la atención de aquellos futuros licenciados a lo largo de toda la conferencia?.

Durante el vuelo de Barcelona a América, había aprovechado las horas de viaje para preparar aquella charla.

Había decidido que, además de exponer los aspectos técnicos relacionados con el marketing digital y los principios básicos que regulan el enfoque y el desarrollo de una marca personal, también iba a intentar introducir otros conceptos: quería ofrecer a mi audiencia un análisis más profundo y humano, quería ofrecerles la posibilidad de reflexionar sobre el verdadero significado de la palabra "felicidad" aplicada al ámbito laboral. Pensaba que podía ser algo novedoso y muy útil sobre todo para unos muchachos que, una vez licenciados, iban a empezar su vida profesional. "Ojalá", pensé, "mis palabras los puedan ayudar para empezar con buen pie".

Me encontré con más de cien personas sentadas en la sala. Empecé a hablar. Siempre me ha gustado hablar en público. Me siento cómodo haciéndolo. También me sentí cómodo en aquel momento, ante aquel público que era, eso sí, uno de los más numerosos a los que me había dirigido nunca hasta entonces.

Mientras iba hablando, me sentía íntimamente impresionado y muy agradecido por el absoluto silencio que reinaba en aquel espacio... Lo que me impactaba no solo era el silencio. Era el respeto que respiré en el ambiente, el respeto con el que aquellos estudiantes me escuchaban. La atención se intensificaba, podía percibirlo, y mientras la atención se intensificaba, mi sentido de la responsabilidad crecía.

La charla llegó a su fin. Hubo aplausos y algunos de aquellos alumnos empezaron a acercarse para saludarme muy educadamente y comentarme sus impresiones. Me gustan mucho esos momentos en los que cobra sentido todo lo que uno intenta trasmitir, porque la razón de ser de cualquier charla está en quienes me escuchan, en lo que ellos opinan, en sus preguntas y reflexiones.

De entre todos los alumnos, me fijé en uno. Venía del fondo de la sala y se me acercó con paso tímido y respetuoso. Cuando por fin estuvimos frente a frente, me miró directo a los ojos, me dijo que la charla le había gustado mucho y me hizo la pregunta quizás más difícil que, hasta ahora, me han hecho jamás en mi vida:

"Entonces, ¿usted si cree que yo puedo ser feliz en mi vida?"

A nuestro alrededor, la sala se había convertido en un lugar bullicioso, con gente yendo y viniendo; y mi cabeza buscó la mejor manera de decirle que sí, que debía tener la certeza de que, si quería, sería feliz.

Tenía la comprobada seguridad de que era así porque los años me habían permitido experimentarlo; pero, ¿cómo explicárselo a un muchacho, tan joven aún, un adolescente que vive, además, en una ciudad tan tristemente en conflicto entre ejército y bandas del narcotráfico?, ¿donde el dinero se asocia normalmente con algo turbio y la felicidad parece ser sinónimo de tener el "carro" más lujoso y formar parte de una determinada clase social?

¿Cómo explicarle que sí podía ser feliz si así lo decidía, porque la felicidad no estaba en Matamoros ni en ningún otro lugar del mundo, sino que la felicidad tenía que encontrarla dentro de él?

¿Cómo explicárselo siendo yo un extranjero de paso por el TEC?

Al regresar al hotel, seguí dándole vueltas a la pregunta de aquel muchacho decidido y educado. Me sentí agradecido por haber formado parte, de alguna manera, de aquella pregunta formulada, con toda sencillez, por alguien tan joven…

Llegó mi último día en México.

Embarqué, de nuevo, y allí empezó otro largo viaje.

Ocupé las horas de vuelo en recordar todo lo vivido, en analizarlo y valorarlo. Había llegado a México para dar unos cursos y unas charlas, y volvía habiendo aprendido mucho, más motivado y con mis convicciones más firmes que nunca. Feliz.

Aquel adolescente me había hecho uno de los regalos más bonitos: me estaba confirmando que la decisión de decir "basta" había sido la correcta. De lo contrario, nunca hubiera podido vivir aquel momento tan emocionante. Ahora se trataba, "simplemente", de trasformar aquella libertad en un modelo de negocio para poder seguir ayudando a los demás, dentro de mis posibilidades, viviendo honrada y felizmente de ello.

EL TAXISTA

Aterricé en Barcelona por la mañana de un vuelo directo desde Ciudad de México.

Tenía muchas ganas de llegar a casa después de casi un mes fuera. Tenía ganas de sentar todas aquellas experiencias y puntos de vista y, sobre todo, de empezar a planificar el futuro.

Subí a un taxi y tuve la suerte de encontrarme con un taxista tan hablador como yo, así que el trayecto fue muy animado y entretenido.

El taxista me preguntó de dónde venía. "De México", contesté. "¡Ah!, ¡vacaciones!", dijo él. "No, trabajo". Contesté yo.

"¿A qué se dedica?", me preguntó el amable conductor, un chico joven y dicharachero.

Estuve a punto de explicarle que, en realidad, yo ya no trabajaba, que hacía lo que me gustaba y que, desde que lo hacía, no había vuelto a tener la sensación de trabajar… Me contuve para que no me echara del taxi por pesado.

No recuerdo exactamente qué le respondí. No sé exactamente qué le expliqué. Sólo sé que su respuesta fue:

"¡Ah!, algo con internet".

Evidentemente, no había podido explicarme peor. Comprendí algo muy importante: tenía que aprender a explicar lo que hacía de forma breve y clara.

Venía de una experiencia extraordinaria, en la que había aprendido mucho, y terminaba el viaje con un taxista que me recordaba la importancia de seguir aprendiendo.

Ahora me tocaba definir, más y mejor, mi marca personal.

¿Quién era y a qué se dedicaba Erick Canale?

PARTE 2ª SER EMPRENDEDOR

Emprendedores los ha habido siempre. Algunos, incluso, han hecho historia. Colón fue un emprendedor en toda regla.

El navegante italiano —genovés al parecer—, puso todo su empeño en llegar a las costas de Cipango —hoy, Japón—, navegando hacia Occidente y no hacia Oriente.

Estaba convencido de las enormes ventajas que la nueva ruta iba a reportar al comercio entre Europa y Asia, con la reducción de costes que representaría llegar de un lugar a otro por un camino más corto y con menos accidentes geográficos —el marino no sospechaba que se iba a tropezar con un "accidente geográfico" descomunal: América, al que, de todos modos, se le iba a sacar provecho—.

Le llevó mucho tiempo y mucha constancia realizar su proyecto.

Primero, preparó a conciencia su plan. Su objetivo era alcanzar Japón, así que se documentó de todas las fuentes de la época que hablaban de otra manera de llegar a Oriente. Elaboró sus cartas marinas para el crucero. Ideó la infraestructura material y la humana que necesitaba para el viaje y calculó los costes; una vez que todo estaba listo, practicó intensamente el networking.

Cultivó las relaciones que encontraba a su paso con tal de llegar a los inversores que podían financiar su empresa: su trato con Toscanelli, los amigos y conocidos de su suegro —el colonizador de Madeira-, un par de frailes y un duque, entre otros, fueron su LinkedIn particular. A través de todos ellos, llegó a sus inversores potenciales: primero, Juan II de Portugal; después, su inversora definitiva, Isabel de Castilla, la Reina Católica.

Estaba dotado, además, de una gran capacidad de lo que hoy llamamos resiliencia, porque se pegó algunos chascos de peso y, no por eso, renunció a su sueño… Lo persiguió incansable, aunque nunca llegó a Cipango sí a América.

No, no me siento un "Colón" —a pesar de algunas coincidencias que, probablemente, hayas apreciado: soy italiano como él; América está en mi vida y en mis sueños y vivo en Barcelona, la ciudad en la que él ancló en uno de sus viajes de regreso del llamado Nuevo Continente—. Pero, anécdotas y bromas aparte, lo cierto es que el emprendimiento forma parte de la condición humana.

Los humanos somos emprendedores por naturaleza, porque emprender nos ha ayudado y nos ayuda a sobrevivir, nos ayuda a realizar nuestros sueños y nos ayuda a luchar contra nuestros límites.

Sin embargo, hay ciertos matices muy importantes que no todos compartimos.

En una época en la que "ser emprendedor" está de moda —en parte porque la crisis económica ha favorecido la idea del autoempleo como una salida del paro—, justo es decir que no todo el mundo es exactamente un emprendedor.

Ser emprendedor es tener ideas e iniciativas, querer empezar cosas nuevas, pensarlas, idearlas, planearlas y... hacerlas. Ser emprendedor es además atreverse, saber escuchar sin dejarse influenciar, tomar decisiones rápidamente, no tener miedo al fracaso y mirar siempre hacia adelante. En mi opinión, ser emprendedor es una forma de ser en la vida y en el trabajo.

En la época en la que trabajé como empleado, vi a compañeros que eran, en este sentido, auténticos emprendedores. Seguramente, muchos de ellos, si no todos, seguirán trabajando por cuenta ajena y nunca dejarán de hacerlo. Nunca, tampoco, dejarán de ser emprendedores. Lo son dentro de la estructura de una empresa y son felices.

Otros, sin embargo, necesitamos, además de poder tener ideas y llevarlas a cabo, poder determinar y ser los dueños de las reglas del partido que jugamos. Queremos crear proyectos en los que trabajar felizmente junto a personas con las que nos apetezca y, sobre todo, disponer con flexibilidad de nuestro tiempo haciendo crecer un proyecto nuestro. Cuando esto es lo que necesitamos, no es raro que no encontremos nuestro lugar trabajando para otros. Sencillamente, no somos felices.

Considero emprendedores tanto a los unos como a los otros, porque todos lo somos por carácter y actitud. Pero es a los segundos a los que me dirijo; a los que, quizá, compartan conmigo lo que yo quería el día que dije basta, el día que tuve claro que no podía seguir adelante por el camino en el que andaba.

Necesitaba dejar de esperar que pasaran los días de la semana para poder disfrutar del fin de semana; dejar de esperar que pasaran los meses para disfrutar, por fin, de las vacaciones; dejar de tener que pedir un día de vacaciones porque se me rompió la lavadora y el técnico no podía venir a repararla si no era en horario laboral… Puede parecer una tontería, ¡pero me pareció tan absurdo tener que pedir un día de permiso para que me arreglasen la lavadora!

¡Ah!, ¡y los domingos!

Para mí eran el momento más delicado, el momento en el que chocaban la buena engría que me había dejado un sereno fin de semana entre amigos con la conciencia de que mañana "ya será lunes" …

Hoy, aunque me sigan encantando, obviamente, ya no espero las vacaciones, los fines de semana, la hora en la que por fin puedo salir de mi despacho… porque, sencillamente, amo lo que hago y ya no hay este alto y bajo emocional entre un domingo y un lunes.

Es bastante común, en cualquier empresa, que después de un fin de semana o, sobre todo, después de las vacaciones, los empleados, alrededor de la máquina de café, se lamenten porque "lo bueno" se ha terminado… Estoy seguro de que te habrás encontrado tú también en esta situación.

Probablemente, en todos ellos sea común la percepción de que la empresa les paga por su tiempo, por el tiempo que ellos pasan en las oficinas, almacenes, talleres de la empresa. Desde esta percepción, un empleado vende horas de su vida a la empresa para la que trabaja, con el objetivo de poder disponer, en algún momento, de recursos suficientes para disfrutar de algunos días de tiempo libre con su familia o amigos. ¿Es esto lo que te ocurre? ¿Es esto lo que quieres para el resto de tu vida?

En cualquier caso, como insinuaba al principio, hay que saber que no todo el mundo es exactamente un emprendedor. Y no pasa nada. Lo importante es que seas feliz hagas lo que hagas. Donde lo seas, ése será tu lugar.

Y es que cuando un emprendedor suma sus ganas de empezar cosas nuevas y sus ganas de disponer con flexibilidad de su tiempo, entonces empieza para él una carrera de fondo en la que va a poner mucho en juego. Y hay que estar lo mejor preparado posible para esta maratón que, afortunadamente, no tiene fin.

Antes he mencionado la época de crisis que atravesamos y que ha propiciado, muchas veces como única vía de escape, la promoción de la figura del emprendedor. Por supuesto, es una forma tan buena como otra cualquiera para despertar al emprendedor que hay en ti. Sin embargo, no es raro que cuando uno empieza este estilo de vida desde la urgencia por resolver una situación económica difícil, incluso desesperada, lo haga con prisas. Ese no es el mejor punto de partida, tenemos que ser consciente de ello.

Emprender requiere tiempo. Cuidado, no se trata, como veremos más adelante, de eternizarte peligrosamente en cada estadio por el que pasas; pero esos estadios has de pasarlos, has de vivirlos, has de aprender de cada uno de ellos y, después, seguir adelante.

Es lo de siempre: las cosas llegan cuando tienen que llegar, ni un segundo antes ni uno después. Lo que sí requiere tiempo es ver los resultados. Y hay que estar preparado para, económica y anímicamente, dejar que ese tiempo pase y los resultados lleguen.

Emprender significa cometer errores, Cuantos menos mejor; pero ya prepárate, porque de esto se trata. Cuando eso pasa, hay que estar preparado para reinventarte, darte algo de tiempo para compadecerte y, rápidamente, analizar el error, detectar dónde nos hemos equivocado, tomar buena nota para no repetirlo y seguir adelante. Un emprendedor no ha de tener miedo al fracaso, pero sí ha de tener mucho cuidado de no repetir los mismos errores.

A propósito de los errores, quizás habría material para escribir otro libro, pero en este caso me limito a una reflexión: ante un error o un fracaso es fundamental que aprendamos a entender inmediatamente cuál ha sido la verdadera causa que lo ha generado.

Muchas veces las causas reales están ocultas y, si no somos capaces de identificarlas correctamente, podemos correr el riesgo de volver a repetir el mismo error una y otra vez.

Preguntémonos siempre el porqué de cada error. Y acostumbremos también a nuestros colaboradores o empleados, si los tenemos, a que hagan lo mismo. Te invito a que hagas esto, no con el objetivo de buscar culpables —operación muy amada por directivos y directores generales de vieja escuela y que no sirve para nada—, sino solo y exclusivamente desde la óptica de una mejora continua: es un proceso que nunca podemos permitirnos parar y la única forma para mejorar es entender y reconocer cuál ha sido el error que hemos cometido.

Emprender es una experiencia, en muchos aspectos, solitaria lo hemos dicho. El emprendedor es una persona sola. Y hay que tener una fortaleza íntima que, aunque se agote, podamos realimentar lo antes posible. Hemos de encontrar en nosotros mismos los recursos para poder cuidarnos, darnos ánimos y seguir adelante.

Prepárate, pero no te asustes... Te pasará a menudo sentirte desanimado, triste, cansado, darte cuenta de que los resultados no están llegando, quizá, de la forma que hubieras esperado; y que tampoco lo están haciendo en los tiempos previstos.

¿Qué hay que hacer en estas situaciones?

Primero respirar hondo. Analiza por qué las cosas no están yendo de la forma esperada. Sé objetivo contigo mismo. No busques excusas fuera de tu área de responsabilidad. ¿Has hecho todo lo que estaba en tus manos? Si no, ¿dónde está el fallo y cómo puedes arreglarlo?

Cuando el error que hemos cometido es claro, la situación es fácil. Lo único que tendremos que hacer es tomar conciencia de él y poner todo en marcha para que esto no vuelva a repetirse.

Lo difícil es cuando pensamos haber hecho todo de la mejor forma posible… Cuando esto ocurre, quizás estemos delante de una situación, sencillamente, normal. Más que normal, incluso. Quizás es el momento de recordar, como decíamos unas líneas antes, que las cosas llegan cuando tienen que llegar y, aunque tengamos prisa y trabajemos veinticuatro horas al día, no por esto podemos acelerar un proceso que tenemos que aprender a vivir. En este caso, tenemos que buscar recursos que nos vuelvan a animar, que nos ayuden a seguir adelante con más fuerza que nunca.

Cada vez que me encuentro en una situación como esta, te confieso que la mejor medicina es el sueño… Si te surgen estas dudas por la noche, cierra todo y vete a dormir. Y si te surgen de día, entre las paredes de tu despacho, si tienes la posibilidad apaga el ordenador y vete a dar una vuelta.

Es muy importante que, en estos momentos críticos, no cedas ante la angustia y vuelvas a conectar con el camino recorrido hasta ese momento. Pregúntate dónde estabas seis meses atrás, dónde estabas hace un año… Te asombrará comprobar cuántas cosas has hecho y de las que casi no te estabas dando cuenta. Experimentarás un chute de adrenalina muy importante y alimentarás saludablemente tu autoestima. Estoy seguro de que esto te ayudará a seguir adelante mientras llega el gran día en el que tu proyecto se haya hecho realidad.

Emprender, precisamente porque es un acto de alguna forma solitario, significa contar con los demás. Como estamos fundamentalmente solos, las relaciones con los otros son básicas. En lo personal, porque contribuyen a darnos estabilidad emocional. En lo profesional, las necesitamos para crecer y porque, además, si somos nosotros los que contribuimos a que otros crezcan, vamos a sentirnos muy, muy bien. Entre emprendedores, somos compañeros y nos podemos y debemos ayudar.

Emprender es, también, tener que encajar en un sistema que, aunque promocione el autoempleo, muchas veces ofrece condiciones muy poco favorables para que un emprendedor tenga facilidades cuando está creando su proyecto —las condiciones fiscales, por ejemplo. Es algo que va por países, claro—. Es bueno que te informes.

Los emprendedores tenemos motivaciones muy diversas, seguro, para ser lo que somos. A mí ser emprendedor me parece una forma muy creativa de vivir. Muy creativa y muy libre. Mi motivación personal más profunda es, a los 60-65 años, poder estar dedicándome por fin, exclusivamente, a mi

"proyecto de vida", que se materialice en algo concreto que pueda quedarse en esta tierra más allá de los años que yo viva en ella. Al fin y al cabo, todo lo que hago es para llegar a ese fin.

Es muy útil, para lograr el éxito profesional, que cada uno identifique y visualice cuál es su motivación última y verdadera. Búscala, analízala, compártela con tus seres queridos y, si de verdad es un objetivo que te mueve por dentro, entonces colócala en el horizonte y dale espacio para que se convierta en tu principal inspiración. Si consigues colocar este "objetivo vital" como verdadero objetivo de tu día a día profesional, conseguirás dar a tu vida una coherencia aplastante en la que tu "yo profesional" y tu "yo personal" viajarán en paralelo.

Dicho esto, se me ocurre la siguiente pregunta "¿es más bonito trabajar para llegar a las tres semanas de vacaciones al año, quejándote cuando se terminan y contando los días que faltan para jubilarte, o tiene más atractivo trabajar en algo que te permita, algún día, dejar tu pequeña huella en esta tierra?" No hay respuestas buenas o malas para esta pregunta… Si la respuesta que te des te hace feliz, entonces, todo está bien. Otras respuestas pueden hacerte no tan feliz. Y algunas quizás te lleven algún día, también a ti, a decir basta.

Emprender puede dar miedo. Yo lo tuve y, a veces, no te oculto que este fantasma vuelve a salir del armario de vez en cuando. Sin embargo, el miedo es algo subjetivo que se diluye y desaparece cuando tomas conciencia de que, si trabajas y lo haces con rigor, entonces las cosas saldrán bien. Tú haces que las cosas salgan bien. Y si no salen bien, como estás alerta, puedes rectificar en lo que sea necesario y, además, seguramente tendrás en "reserva" un plan B. No es que sea necesario o imprescindible tenerlo, pero sí recomendable. Es una cuestión de probabilidades.

Hay que tener en cuenta las probabilidades porque un emprendedor ha de estar dispuesto a admitir que su proyecto está fracasando. Hay que intentar no encariñarse demasiado con un proyecto porque puede ocurrir que no vaya bien y que el miedo al fracaso te haga prolongar innecesariamente situaciones insostenibles. Es importante no caer en esa trampa. Has de ser capaz de poner el punto final a un proyecto que fracasa y empezar el siguiente, sin que el fracaso vivido afecte negativamente el nuevo reto, sino que lo alimente.

Por eso he hablado de un plan B. De un plan B y, en lo posible, ¡no depender de los bancos! Evitar las deudas contribuye a ser libre. Y si eres libre, seguramente serás feliz. Te desprenderás del proyecto que ha fallado, lo analizarás y te pondrás de nuevo en marcha con la ilusión puesta en un proyecto nuevo que se beneficiará de la experiencia que has adquirido.

Unas líneas arriba, he hablado de cómo el miedo desaparece: trabajando con rigor. "Si haces las cosas bien, todo saldrá bien". Lo creo firmemente.

Las 10 + 10 reglas que a continuación te propongo tienen mucho que ver con "hacer las cosas bien".

Ya en la Introducción, he declarado que este libro lo escribo para mí. Este libro es la reflexión sobre lo que ha sido mi trayectoria hasta ahora y significa darme cuenta de qué he hecho y cómo lo he hecho.

Reflexionar es muy importante para cualquier persona, pero desde luego es vital para un emprendedor. De vez en cuando, hay que hacer un alto, echar la vista atrás, analizar, evaluar, llegar a conclusiones y, entonces, por supuesto, continuar adelante.

Esto es precisamente para lo que espero que puedan servirte los puntos de los que te voy a hablar.

Estos puntos son el resultado de mi reflexión y de las experiencias que he compartido con compañeros emprendedores y con clientes.

Me gustaría que te sirviesen a ti para reflexionar, para que tengas algunos recursos que contribuyan a clarificar tus objetivos, a decidir qué pasos dar, a cómo darlos y, algo muy importante, desde qué actitud hacerlo.

Al fin y al cabo, los emprendedores somos personas con nuestras debilidades y fortalezas, con todo nuestro miedo y con mucho valor. Para estar en marcha, hemos de hacerlo desde la cabeza y desde el corazón.

LAS 10 REGLAS OPERATIVAS

Llega el momento de presentarte los 20 principios de los que te hablaba al principio del libro que tienes entre tus manos, esos 20 principios que pueden contribuir —creo que decisivamente—, a que salgas adelante en esta etapa de tu vida en la que has decidido sacar a la luz el emprendedor que eres.

Como te decía, estos principios tienen su origen en la reflexión sobre mi propia experiencia y he podido compartirlos a lo largo de estos años y contrastarlos con colaboradores, clientes y otros emprendedores con los que comparto caminos paralelos.

Ya he comentado que los 20 principios los divido en dos bloques: 10 reglas operativas y 10 reglas de oro.

Las 10 reglas operativas que ahora te presento, tienen un carácter eminentemente práctico. Están pensadas para el día a día profesional, para la expresión de tu trabajo, su difusión y promoción, para que puedas trabajar tanto en ti mismo como profesional, como en el modo de orientar y hacer evolucionar tu producto o servicio.

La coherencia entre lo uno y lo otro, ha de ser decisiva en el progreso de tu proyecto y, sobre todo, ha de ayudarte a poder avanzar con criterios claros y bien focalizados.

REGLA Nº 1: "NO PASES NUNCA DESAPERCIBIDO"

Una de las peores cosas que le pueden ocurrir a un ser humano es pasar totalmente desapercibido. Tampoco es necesario que seamos un ridículo "anuncio ambulante". Lo importante es que, en equilibrio con nosotros mismos, coherentes entre quienes somos y el proyecto que estamos llevando adelante, podamos expresarnos ante los demás de la mejor forma posible, dejando rastro en la mente de cualquier persona que encontremos durante nuestro camino personal y profesional.

Es una cuestión de naturalidad.

Permitidme un ejemplo interesante que me ocurrió hace unos pocos años...

El despertador tenía ganas de sonar aquella mañana... Pero yo no tenías las mismas ganas de levantarme. La noche antes había trasnochado para poder acabar un proyecto importante que tenía que entregar de manera innegociable aquel día. Cuando por fin me di cuenta que aquel zumbido no estaba en mi sueño, sino que era un sonido real que me avisaba de que eran las 08:00 am de la mañana. ¡Se me paró el corazón! Y es que siempre pongo dos despertadores; el de las 08:00 am es la última opción, por si acaso el de las 7:00 am no lo oigo. Nunca he necesitado el despertador de las 8:00 am, pero aquella mañana... ¡Por suerte estaba allí para recordarme que el día había empezado ya!

A las 9:00 am tenía que estar sin falta en la oficina para conocer a un nuevo cliente que me venía a visitar y, si hay algo que no aguanto en la vida es esperar. Por lo tanto, odio encontrarme en la situación de hacer esperar a los demás. El tiempo es valioso. El mío y el de todos. Y no es solo una cuestión de buena educación. El tiempo tiene un valor. Y cada uno de nosotros, tenemos que decidir cuánto vale nuestro tiempo... Más adelante, volveremos a esta cuestión, porque es decisiva a la hora de poner "precio" a nuestro trabajo.

Me duché en un tiempo récord, desayuné una manzana bajando en el ascensor y me tiré literalmente a la calle Aragón de Barcelona, esperando parar un taxi lo antes posible. Llegó el taxi en el mismo momento en que me llamó un compañero por teléfono. Paré el taxi y contesté a la llamada a la vez. Al entrar en el coche, lo único que pude decir a la taxista fue mi destino, y me concentré en atender la llamada de trabajo.

Habíamos recorrido casi la mitad del trayecto que separa mi casa del despacho cuando terminé con la llamada. Colgué y pedí disculpas a la taxista por haber sido tan vehemente a la hora de entrar al coche y ni haberle dado los buenos días.

La chica, muy amable, me miró a través del espejo retrovisor y me dijo, con voz muy suave y un marcado acento andaluz, que no me preocupase. Luego, añadió:

"Usted se fue a Nueva York hace unos tres o cuatro meses, ¿verdad?"

Efectivamente, unos tres meses antes había estado en Nueva York a la cena de entrega de los Goya Hispanic Achievement Awards, organizados por la Cámara de Comercio de España de aquella ciudad.

Mi estupor fue enorme y la pregunta salió de mi boca más rápida de lo que yo había salido aquella mañana del plato de ducha: "¿Y usted cómo lo sabe?"

"Porque yo le llevé al aeropuerto aquella mañana" —me contestó—. "Y me acuerdo perfectamente cómo, durante el camino, usted me dio una visión de mi trabajo de taxista que nunca nadie me había hecho ver. Y no sabe lo mucho que se lo agradezco…", —dijo a continuación—.

Me quedé asombrado. Nunca ninguna persona desconocida me había hecho un regalo tan bonito. Son esa clase de cosas que te llenan el alma. Dejar un rastro en los que encontramos es fantástico y fundamental.

A esto me refiero con no pasar desapercibido. Cualquier situación en la que estemos interactuando con otras personas puede servir para que la comunicación sea útil, para que tu interlocutor, de un modo u otro, te recuerde. Nunca sabemos dónde está una oportunidad profesional, pero la oportunidad de hacer felices a los que encontramos en nuestro día a día, sí sé dónde está: la tenemos a la vuelta de la esquina.

REGLA Nº2: "PLANIFICA, PONTE OBJETIVOS AMBICIO-SOS Y NO TENGAS PRISA"

Un momento extraordinario es el de la planificación de un proyecto.

Ya sabes que eres emprendedor. Lo has decidido. Has dado el paso.

Has dicho "basta" a aquello que debías decirlo. ¿Y ahora qué? Ahora hay que crear tu proyecto.

No tengas prisas, pero empieza de manera súbita a mover fichas.

Las prisas, de haberlas —y las habrá—, llegarán en otro momento. Ahora, no.

Sabemos que te apremiarán ciertas circunstancias. Las económicas probablemente. Pero no has de ceder a esta presión, no en cuanto a planificar tu proyecto.

Y es que, con tu proyecto va, en realidad, toda tu vida: tu nueva vida.

Céntrate en lo que quieres hacer. Define qué quieres hacer —aunque luego, ante la realidad, y una vez en el mercado, "surfearás" entre distintas posibilidades—. Define cómo. Y cuándo.

Define qué necesitas, en rigor, para construir tu proyecto.

Define qué herramientas y recursos ya tienes o están a tu alcance.

Súmalo todo y dibuja tu proyecto.

Analiza de forma objetiva tus carencias o áreas de mejora que con mucha probabilidad te crearán problemas en avanzar en tu proyecto.

Este es un punto muy importante. Un buen emprendedor es el que sabe en todo momento cuáles son sus carencias y que trabaja duro para cambiarlas.

Y a ello, añádele ambición: ponte objetivos ambiciosos.

Intenta siempre mirar hacia adelante. Yo suelo siempre trabajar cada día con objetivos de corto, medio y largo plazo. Qué quiero hacer y dónde quiero estar hoy, dónde quiero estar dentro de seis meses o dónde dentro de dos años.

Piensa con la mente abierta en todas las opciones y cosas que te gustaría lograr. Deja fluir la fantasía y no cortes nunca tu ambición. Pon estas ideas una detrás de otra en un papel blanco. No te cortes durante este ejercicio.

Una vez hecho esto, ordena todos los objetivos según el tiempo y prioridad de cada uno.

¿Nunca has pensado escribir un libro? Quizás no sea ahora el momento, pero estoy seguro de que serás consiente de la importancia que esto podría suponer para el desarrollo de tu marca personal o de tu empresa; así que no te cortes y colócalo entre tus objetivos, quizás de largo plazo.

Los objetivos de largo plazo te ayudarán a dirigir el rumbo del día día de forma muy eficiente. Es como cuando aprendemos a conducir un coche. El instructor siempre nos enseña que tenemos que ser capaces de conducir mirando al final de la carretera y no a la punta de nuestro coche. Mirar hacia adelante nos permitirá seguir el rumbo de la carretera y respetar todas sus curvas.

Un día me estaban cortando el pelo en una peluquería que tengo debajo de casa. El chico que me estaba atendiendo me dijo: "Ayer vino al salón una cliente que es psicóloga; ella me invitó a vivir el día a día sin hacer demasiados planes de largo plazo porque nunca se sabe lo que nos puede pasar".

Yo hoy te invito a dar un paso más allá del que le decía la psicóloga al peluquero.

Vive y disfruta del día a día, de los pequeños o grandes logros que la vida te ponga delante; pero sobre todo, mira alto. Piensa en grande porque, por lo general, nuestra cultura nos acostumbra desde niños a pensar que la ambición es algo malo, algo que sólo las personas superficiales y materialistas tienen.

No todo el mundo, pero muchas personas caemos en la tentación de trazar nuestros planes con modestia: aspiramos a "poco", generalmente por miedo, por inseguridad… porque dudamos de nosotros mismos y de nuestra capacidad. Te invito a que hagas todo lo contrario. Permítete pensar en grande. Sueña tu proyecto, visualízalo en todo su potencial. Es a "eso" a lo que tú aspiras. No te cortes a ti mismo las alas.

Te voy a contar una cosa… A todos nos ha pasado, en algún momento, dejarnos arrastrar por lo fácil: nos entregamos a la corriente por comodidad, para evitar el esfuerzo de nadar, buscamos todo lo que necesitamos para mantenernos en nuestra zona de confort.

Y a todos nos ha pasado, en algún momento, que queremos o hemos pensado en hacer algo nuevo y, automáticamente, buscamos algún ejemplo, alguna experiencia previa similar en la que hayamos tenido éxito.

Si la encontramos seguimos adelante sin ponernos muchos obstáculos. Pero si no lo encontramos, comienzan a aparecer y amenazar las dudas.

Lo que solemos hacer —casi— por inercia es buscar, encontrar y ponernos excusas a nosotros mismos, convencernos de que nuestra idea quizás no sea tan buena como pueda parecer.

¿Qué es lo que probablemente está pasando? Que tenemos una gran idea y nos empeñamos en hacerla pequeña, el miedo a lo desconocido nos incita y nos empuja a empequeñecerla.

Pensamos en lo que, de llevar a cabo nuestra idea, deberemos afrontar. Y la magnitud de ese deber nos envuelve, nos abruma, nos asusta… Luego, cuando estamos a punto de abandonar la idea por culpa de ese miedo, solemos mirar alrededor…y siempre comprobamos que eso que tanto nos asusta, muchos ya lo han hecho, lo han llevado a cabo, se han atrevido y además han obtenido buenos resultados, han salido victoriosos, exitosos. Es en este preciso momento cuando aparece ese odioso sentimiento de frustración.

Nos culpamos a nosotros mismos por no tener el valor de dar ese paso al frente que ha marcado ya el camino y el rumbo de otros que sí han tenido el valor de pensar en grande y dar a su propia idea el valor que merecía. A todos nos ha pasado alguna vez que en nuestra mente solo rondan preguntas como: ¿funcionará esta idea?, ¿seré capaz de llevarla a cabo y materializarla?, ¿realmente estoy preparado/a?, ¿serán suficientes mis conocimientos y aptitudes?, ¿lo haré bien? Dudas, dudas y más dudas.

Tener dudas e incluso tener miedo, no está mal, es algo normal. Lo que realmente está mal es permitir que ese miedo nos paralice y nos domine. Eso es un gran error. Y para no caer en él, conviene pensar en grande y no permitirnos empequeñecer nuestras propias ideas.

A todos nos ha asaltado alguna vez el miedo. Conviene que lo sepas. Pero también conviene que sepas que todos somos capaces de vencerlo. Para ello solo hay que plantarse frente a él, dar un golpe firme sobre la mesa y convencerte de que puedes hacerlo, decir "aquí estoy yo, esto es lo que quiero y lo voy a hacer".

No quiero que este discurso te resuene como el típico discurso motivador que no tiene ni pies ni cabeza y cuyo único objetivo es crearte un subidón emocional puntual del que mañana ya te habrás olvidado. Es más, puedes tener la motivación más grande del mundo, pero si no eres capaz de empezar a bajarla y amoldarla en un plan de acción con que poner en marcha tu sueño, de poco te va a servir.

Ese 'yo' interior que repite continuamente 'no', debe ser vencido. Revélate contra él. Véncelo. Si no lo haces vivirás a diario echándote en cara a ti mismo que no eres capaz, vivirás frustrado. Si lo haces, si lo vences y te decides por fin a llevar a cabo tu gran idea, todo cambiará, tendrás una ilusión por la que levantarte cada día; y esa ilusión, como si de un potente combustible se tratara, te dará cada mañana la energía necesaria para luchar con la motivación de alcanzar tus propios objetivos.

De aquí la importancia de disfrutar de cada pequeño logro que vayas obteniendo por el camino mientras estás poniendo en marcha tu plan.

A mí también me ha pasado. He dado ese golpe en la mesa y he dicho

'lo voy a hacer'. Lo he hecho. Y, sin duda, desde aquí te animo a pensar en

GRANDE.

Hay compañeros de trabajo y amigos que de vez en cuando me dicen:

"Has tenido mucho valor dejándolo todo para seguir tu sueño".

Yo siempre les contesto que hubiera necesitado mucho más valor para seguir haciendo lo que estaba haciendo, sin muchos estímulos más allá de lo puramente material y con un plan de futuro profesional que no estaba en línea con mi plan de futuro personal; un plan de futuro que me ha de dar la ilusión que necesito y que, como cualquier ser humano, me merezco. En realidad, quizás escogí, aquel día que dije basta, la opción más fácil…

Termino con una pregunta y una respuesta de dos grandes:

Dijo Vincent Van Gogh "¿qué sería de la vida si no tuviéramos el valor de intentar algo nuevo?" y lo que dijo Voltaire puede ser una buena respuesta "el que vive prudentemente, vive tristemente".

REGLA Nº3: "REDUCE GASTOS FIJOS"

Hace unos tres años tuve el placer de tener entre mis clientes una pareja que había decidido dedicarse al oficio de las terapias naturales.

Durante varios meses, estuvimos reuniéndonos y trabajando codo a codo sus imágenes digitales y la de su nueva empresa: desarrollamos su página web y pusimos mucho cuidado en su línea de comunicación. Conscientes de que su profesión, como casi todas, tenía que romper con cualquier posible atisbo de desconfianza.

Logramos el objetivo. Su imagen digital era la de los profesionales que ellos eran: rigurosos, honestos y entregados a su trabajo. Empezaban a facturar ofreciendo cursos y terapias; y su proyecto iba creciendo.

De momento, tenían su consulta en casa. Pero tal y como iban las cosas, estaba seguro de que con su actitud y buen hacer pronto podrían encontrar un espacio físico en algún lugar de la ciudad en el que instalarse, síntoma del crecimiento y bonanza de su proyecto empresarial.

Había pasado un año de la puesta en marcha de este proyecto, cuando un día recibí una llamada.

Eran ellos. Me pedían un presupuesto para el desarrollo de una tienda online. Me alegré mucho volver a tener noticias suyas, sobre todo en lo que interpreté como una señal de que, en efecto, estaban creciendo y las cosas les iban muy bien. Pensé —mi pasado "logístico" salió a escena—, que lo que querían era tener en la web la posibilidad de vender productos que irían comprando bajo pedido. Ésta es una estrategia muy común y más que recomendable cuando se está empezando y no se tiene un histórico de ventas que nos permita decidir el stock más adecuado para nosotros: sencillamente, todavía no sabemos qué productos, de los que vamos a comercializar, son los que tienen mayor y mejor aceptación de ventas. Sin embargo, la realidad que me explicaron fue otra.

Habían decidido aprovechar lo que interpretaban como una oportunidad para invertir en una tienda física en una ciudad vecina a Barcelona. Por lo tanto, lo que habían decidido era invertir dinero —liquidez—, en un espacio físico y en un stock con el que ocupar ese espacio.

El escenario que la pareja había elegido me preocupó. Yo también pasé, hace años, por la experiencia de ser socio en una tienda y sé lo que quiere decir tener que generar los ingresos necesarios para cubrir, al menos, los gastos fijos…

En su día, mi experiencia con mi propia tienda terminó mal, aunque nos haya proporcionado, a mi socio de aquel entonces y a mí, una experiencia que ningún master del mundo nos hubiera aportado, permitiéndonos aprender de una forma tan clara. Lo mismo les ocurrió a mis clientes: en unos meses, tuvieron que cerrar.

Cuando supe que, en efecto, cerraban, me sentí mal. Por un lado, porque le tenía mucho cariño a su forma de ser y trabajar y tenía miedo de que esta desafortunada experiencia los pudiese afectar más allá del hecho puntual. Por otro lado, de alguna forma, me sentía responsable de lo que les había pasado porque no había tenido la oportunidad de avisarles a tiempo de que tuviesen mucho cuidado con los gastos fijos que fuesen asumiendo, que no podemos cargar con demasiados, ni en número ni en volumen, en tanto nuestro negocio no haya alcanzado la necesaria solidez y rentabilidad para podérselo permitir…

Esta situación de aparente fracaso enseña algunas cosas fundamentales. La primera, que el emprendedor siempre tiene que analizar cualquier paso que haga con muchísimo cuidado. Si la decisión que está a punto de tomar tiene una importancia trascendental para el futuro de su negocio es indispensable que se haga aconsejar, que escuche a más de una persona con el objetivo de tener entre las manos todos los elementos necesarios para tomar la decisión correcta.

Ya hemos comentado que uno de los elementos que contribuye al desarrollo natural de un negocio es la capacidad del emprendedor de controlar su economía y su flujo de caja. Y no solo cuando el proyecto está empezando, pero sí es un aspecto clave en los inicios.

Una buena medida es analizar tus gastos y relacionarlos de una manera objetiva y coherente con tu proyecto. Una norma fundamental es que reduzcas tus gastos fijos y que tengas cuidado en no sustituirlos con nuevos gastos que, probablemente, si los valoras con atención, verás que no son necesarios.

Es importante a lo largo de la vida de tu proyecto, desde luego, pero muy especialmente cuando estás empezando, que transformes en variables todos los gastos que puedas. De este modo, gastarás solo si vendes. Si no vendes porque aún no ha llegado el momento en que las ventas despeguen, no gastarás. Económicamente, mantendrás una situación sostenible. Además, a nivel anímico y emocional estarás bastante tranquilo, con lo que reunirás las fuerzas necesarias para, como emprendedor, seguir adelante.

Un error muy típico, cuando nuestro proyecto supone una atención personal al cliente, es que busquemos un despacho o un local. Vale la pena que, en este punto, tomes en consideración si, al principio, no será mejor que alquiles por horas un despacho compartido que ocuparás solo cuando tengas que ver y atender a un cliente. Si lo haces así, tendrás un control inmediato y claro de tu gestión: si recibes a un cliente, tienes ingresos, si tienes ingresos, una parte pagará el espacio en el que atiendes a ese cliente.

En cambio, si desde el primer momento tienes un despacho o un local a full time, por el que, forzosamente, vas a tener que pagar sin la certeza —aún— de si algún cliente solicitará tus servicios. Vas a cargar con un desgaste económico —por ende, como ya hemos visto, también emocional—, además, peligroso.

REGLA Nº 4: "APRENDE A TOMAR DECISIONES RÁPIDAS"

Emprender implica tomar decisiones. En realidad, casi todo en la vida significa tomar decisiones. Decidimos y actuamos.

Cierto es que, también a veces "actuamos sin pensar", aunque esto sea, técnicamente hablando, más o menos discutible.

Pero lo que está claro es que, cuando alguien pone en marcha un proyecto, ha de tomar decisiones y, probablemente, muchas y trascendentes.

Aún después, cuando el proyecto esté en marcha, seguirá tomando decisiones. Y así hasta durante el resto de nuestros días.

Lo bueno de tomar decisiones es que, necesariamente, para hacerlo hay que poner conciencia en el asunto que se trata; aquello sobre lo que se va a tomar una decisión se convierte en objeto de análisis, valorando pros y contras, contemplando opciones y posibilidades, identificando recursos y herramientas... Perfecto.

Sin embargo, hay ocasiones, momentos, circunstancias en los que nos eternizamos decidiendo. Pasamos tiempo y tiempo pensando, evaluando, analizando... sin decidir nada. Mientras tanto, claro, estamos quietos.

Otras veces, no somos nosotros los que decidimos el tiempo que tenemos para tomar una decisión: frente a una urgencia, hemos de dar una respuesta casi inmediata.

Nos ocurra lo uno o lo otro, es saludable que estemos preparados, mentalmente, para tomar decisiones rápidas, porque no podemos quedarnos quietos, porque hemos de reaccionar de inmediato.

Hay quienes de forma natural tienen una gran facilidad para decidir rápidamente. De hecho, incluso acostumbran a actuar siempre así.

Otros, en cambio, precisamos de cierto entrenamiento para poder dar respuestas así de rápidas.

Una premisa del emprendedor es la flexibilidad. Y la flexibilidad implica adaptabilidad; porque, aunque nuestra mente tenga claro el camino de nuestro proyecto, la realidad impone, en ocasiones, variables que quizás no contemplábamos. E inevitablemente esto tiene mucho que ver con decidir rápidamente.

A medida que tu actividad vaya creciendo, te encontrarás continuamente en situaciones donde esta capacidad de tomar decisiones de forma rápida te será muy útil.

Aquí te propongo algunas, pero la lista puede ser mucho más larga y compleja:

1. Cuando delante de un cliente tengas que entender si forman parte de aquellos clientes que es mejor perder que encontrar... clientes conflictivos que te pueden hacer perder muchos recursos que podrías empeñar de mejor forma en otras actividades.

2. Cuando tengas que enviar un presupuesto sobre la base de una situación empresarial, la de tu cliente, que todavía no conoces muy bien y con el riesgo de "pillarte los dedos" con un presupuesto demasiado ajustado. No por eso retrases la confección y envío del presupuesto que te han solicitado; así evitarás el riesgo de perder el cliente en caso de que tu propuesta llegue demasiado tarde.

3. Cuando tengas que valorar si las opciones de colaboración que te vendrán por parte de otros profesionales son de verdad buenas para tu negocio o no.

4. Cuando, en momentos de mucho trabajo, tengas que ser capaz de priorizar en tu día a día las acciones a desarrollar.

5. Cuando tus clientes te pidan una sugerencia o consejo confiando en tu experiencia y profesionalidad.

6. Cuando delante de un impago tendrás que decidir si seguir confiando en la capacidad financiera de tu cliente (problemas puntuales de liquidez los podemos tener todos) o es mejor parar el servicio antes de que el problema económico se haga más grande.

7.   Cuando tengas que deshacerte de aquellas actividades u operaciones que no te garantizan el margen esperado.

8.   Cuando tengas que tomar la decisión de cerrar o seguir invirtiendo en una línea de negocio que sigue sin dar los resultados esperados.

Un ejercicio que empecé a practicar cuando me di cuenta de que necesitaba ser capaz de decidir ciertas cosas en pocos segundos tiene mucho que ver con las pequeñas cosas de la vida cotidiana: por ejemplo, ir a un restaurante y eternizarse delante de la carta, paseando la mirada entre los platos, dudando y dudando... Me he acostumbrado, cuando voy a un restaurante, a coger la carta, echar un vistazo rápido y elegir sin pensar demasiado, sin detenerme ni tan siquiera en pensar mucho si me apetece más una cosa u otra: vistazo rápido y elijo —sí, ya sé, corro el riesgo de llevarme un chasco. Pero, por lo general, nunca me ha ocurrido—. O ir al cine. Es frecuente que uno se pierda delante de la cartelera en los multi-cines. Pues lo mismo. Vistazo rápido y elijo película —sí, también aquí corro un riesgo enorme de llevarme un chasco—.

Este ejercicio, con sus riesgos pequeños, lo practico habitualmente. Ha contribuido y contribuye a que mi cabeza aprenda a ser rápida y me es de ayuda cuando tengo que tomar decisiones más importantes que las de los platos de un menú en un restaurante o una película que ver en el cine.

REGLA Nº5: "INVIERTE EN TI MISMO"

Es importante que, emprendiendo —y me atrevería a decir que viviendo en general—, uno nunca se olvide de invertir en sí mismo.

Si estamos aquí, compartiendo este libro, es porque cada uno de nosotros, por nosotros mismos e individualmente, tenemos una razón que nos es propia, que solo nos pertenece a nosotros particularmente, que nos ha llevado a tomar ciertas decisiones que afectan a nuestra vida profesional y personal y, por natural extensión, a los que viven a nuestro lado.

Y es que vivimos con otros, es cierto, les necesitamos y nos necesitan. Incluso les queremos y nos quieren. Pero partimos de nosotros mismos, desde nuestra individualidad.

Si yo, como persona y profesional, no invierto en mí mismo, lo mismo que sucede en un negocio en el que no se invierte, iré perdiendo fuerza y, más o menos deprisa, terminaré en la quiebra.

Yo, por ejemplo, invierto en mí mismo procurando cuidarme, atento a seguir formándome, dedicándome intensamente al trabajo, sí, pero buscando, incluso a diario, momentos que dedicarme a mí mismo, momentos en los que me permito relajarme junto a las personas a las que quiero.

Soy importante. Lo soy para mí mismo. Si invierto en mí, invierto en mi proyecto e invierto, automáticamente, en las personas que me ayudan cada día a llevarlo adelante. Puedo, además, invertir en otros que, quizá, necesiten de mí.

Si hablamos de formación, por ejemplo, invertir en ti mismo significa también saber cuáles de los recursos económicos que tienes a tu disposición; tendrán que ser dirigidos, por ejemplo, para permitirte profundizar temas en los que te sientes todavía débil. La formación nunca tiene que ser vista como un gasto. Es una inversión fundamental, un ladrillo muy importante en lo que estás construyendo, así que es importante que destines parte de tu presupuesto anual a ella.

Invertir en ti mismo, a medida que tu actividad va creciendo, significa, por ejemplo, delegar en otros profesionales parte de las actividades que has estado haciendo tú para, de esta forma, poder vivir más desahogado y ocuparte del desarrollo global de tu negocio.

Utilizar la regla del 80/20 es invertir en ti mismo: despréndete o delega las actividades que no te aportan el retorno esperado o que no están relacionadas directamente con tu negocio. Hay cosas, como por ejemplo la gestión administrativa de una empresa —aunque la empresa seas de momento solo tú—, que suponen un esfuerzo notable llevarlas a cabo de la forma correcta y en línea con las leyes fiscales que van saliendo continuamente. Esta actividad seguramente no sea el corazón de tu negocio, no obstante, te lleva tiempo y esfuerzo ocuparte de ella. Invertir en ti mismo quiere decir también esto: encuentra un buen asesor que se ocupe profesionalmente de esta parte y dedica las horas ahorradas en hacer crecer tu negocio, en realizar visitas comerciales, en desarrollar nuevas estrategias de ventas, acciones de marketing, etc.

Identifica continuamente áreas de las que poderte desprender para así ser, por un lado, más ágil y útil en desarrollo global de tu negocio y, por el otro, vivir mejor y más feliz.

REGLA Nº6: "MIDE CONTINUAMENTE TUS RESULTADOS: CALCULA LA RENTABILIDAD DE TUS TRABAJOS"

Esta regla tiene mucho de economía básica de empresa. No por ello hay que pasarlo por alto.

Sin necesidad de estudiar Empresariales o Económicas, cuando uno emprende, está poniendo en marcha un proyecto que es, en ciertos aspectos esenciales, una verdadera empresa —aún en los proyectos unipersonales—.

Cuando pone en marcha su proyecto ha de adoptar la actitud del economista, la del empresario. Es, también, una de las maneras de poner conciencia en aquello que se está construyendo y, sobre todo, es la forma de poder analizar la experiencia que se está viviendo, evaluando aciertos y errores y tomando decisiones en consecuencia.

Si emprendemos, uno de nuestros propósitos es "vivir" de nuestro proyecto. No se trata, por lo tanto, de crear un "artefacto" que no nos permita ni mantenerlo a flote, ni mantenernos a nosotros mismos. Hemos de tener en cuenta que, emprendiendo, no tenemos un "histórico de ventas". El histórico empieza con el propio proyecto. No tenemos referentes —quizá tenemos un marco teórico, expectativas basadas en estudios de mercado, pero no tenemos materia empírica en la que basarnos: esa la estamos creando al mismo tiempo que inauguramos nuestra empresa—.

En consecuencia, con nuestro proyecto en marcha y nuestros primeros trabajos realizados, nos hemos de acostumbrar a medir continuamente los resultados obtenidos y a calcular la rentabilidad de lo que estamos haciendo.

En un estadio primero, este hábito nos hará ser conscientes de si vamos hacia la ruina y, de ser necesario, cerrar el proyecto antes de que sea demasiado tarde. No hemos de "encariñarnos" con nuestros proyectos, no hemos de "apegarnos" a ellos. Son nuestra ilusión, es cierto, pero hemos de ser capaces de entender, lo antes posible, si las cosas van mal; sobre todo si van tan mal como para terminar siendo insalvables... Si es así, procuremos no arruinarnos. Demos media vuelta. Reaccionemos y sepamos tener; primero, el derecho a otra oportunidad; y segundo, conservar las condiciones saludables mínimas para afrontar esa otra oportunidad.

Si no vamos exactamente hacia la ruina y observamos, felizmente, que hay un cierto crecimiento, entonces se torna necesario valorar qué hacer para que ese crecimiento continúe exponencialmente. Para esto es bueno saber la rentabilidad de nuestros trabajos, de los servicios que prestamos.

Con este conocimiento podremos distinguir entre aquellos servicios o productos que nos ofrecen mayor rentabilidad de los que no nos aportan ninguna. Desde este análisis, podremos descartar o transformar los servicios menos rentables; cuidar y mejorar los que sí lo son.

Justo quiero hacer aquí un apunte: la rentabilidad de la que hablamos es, principalmente, económica, pero hay otras rentabilidades posibles.

Así, en ocasiones, nos conviene conservar servicios o productos que, aun no siendo económicamente rentables, sí contribuyen, por ejemplo, a darnos prestigio, a posicionarnos en el mercado, que favorecen y reafirman nuestra "marca".

La gestión de este punto dependerá mucho del negocio que estés poniendo en marcha, pero todo empieza por definir muy bien cuál es el ingreso estimado neto que queremos obtener. Aunque no es el objetivo de este apartado entrar en detalles muy técnicos, sí me gustaría invitaros a algunas reflexiones que nos ayudan a afrontar este punto, esencial, en el proyecto que estamos poniendo en marcha.

¡Vamos a ello!

¿Cuál es la ganancia neta que quieres obtener de tu actividad?

No me refiero a la que tendrás al principio, ya que sabemos perfectamente que cualquier negocio que pongamos en marcha necesita un tiempo hasta que llegue a generar los ingresos esperados. Pero sí debes tener claro a lo que aspiras para orientarte hacia esa ganancia neta desde el primer momento.

Intenta identificar un valor y desarrollaremos juntos dos ejemplos. El primero te servirá si estás pensando de abrir una tienda. El segundo, si lo que ofreces es un servicio (asesoría, coaching, etc.).

Pongamos, por ejemplo, que queramos ganar 2000 euros / mes neto.

A esta cifra le tendremos que sumar todos los gastos fijos. ¿Cuáles? Si tenemos una oficina, la luz, el agua, el asesor que nos gestionará la contabilidad... Los gastos fijos son los que no dependen de cuánto vas a facturar. Los vas a tener que pagar independientemente de que factures mucho o poco.

Al final, el total es de 3500, euros/mes. Es decir, con este total vamos a poder afrontar todos los gastos fijos y cubrir nuestro sueldo.

Teniendo en cuenta que en un mes tenemos una media de 20 días laborables, tendremos que saber que cada día en que trabajamos tendremos que ser capaces de generar una media de 175€ (3.500 dividido entre 20).

No tendremos en cuenta el impuesto sobre valor añadido (IVA), porque es un dinero que periódicamente tendrás que devolver al estado.

Veamos ahora, por separado, los dos casos de los que te he hablado.

Tengo una tienda:

Si mi facturación neta tiene que ser de 175 €, esto quiere decir que admitiendo de vender productos con un margen de ganancia del 100% tendremos que ser capaces cada día de vender 350 € netos porque la mitad de este importe se ira la compra del material.

350 € tendrá que ser nuestro valor objetivo. Y tendremos que valorar muy bien todas las acciones que ponemos en marcha para saber cómo y cuándo seremos capaces de generar este volumen de negocio y, sobre todo, valorar la cantidad de venta mínima.

Imaginémonos que el precio medio de nuestros productos sea de 10 €. Esto quiere decir que cada día tendremos que registrar como mínimo 35 productos.

Intentaremos, al principio, no cargarnos de demasiado stock. Si no disponemos de un histórico de venta, el riesgo de comprar producto que finalmente quizás no vendamos puede ser elevado. Así que intenta pactar con tus proveedores lotes de compra pequeños, aunque esto te obligue a asumir condiciones de compra menos ventajosas, pero recuerda que el riesgo de quedarte con cantidades de producto obsoletas es real y hay que tener mucho cuidado.

A medida que vayas creciendo, podrás descubrir cuáles son los productos que tienen mejor rotación —más ventas—, y esto te permitirá ajustar los pedidos de compra que hagas, favoreciendo los productos que te garantizan mejor margen y más ventas.

Vendo un servicio:

Si lo que vendes es un servicio (eres psicólogo, terapeuta, abogado, asesor etc.) entonces tu "materia prima" es tu tiempo.

¿Cómo calcular por ejemplo el precio al que tendrías que vender tu asesoría?

Es muy sencillo.

Definido tu sueldo objetivo y habiéndole sumado tus gastos fijos, tendrás la facturación mensual objetiva. Aceptemos, una vez más, que el total es de 3500 €/mes.

En este caso, nuestra materia prima es nuestro propio tiempo.

En nuestro día a día, tendremos horas de trabajo remunerado (horas de asesoría, de terapia, etc.), y habrá otras horas de trabajo no remunerado (reuniones con compañeros, reuniones de prospección comercial, horas dedicadas a la gestión de tus redes sociales, etc.). Al principio, es un tanto difícil equilibrar, económicamente hablando, unas y otras. Y es bastante común cometer el error de calcular un número elevado de horas sí remuneradas. Te recomendaría que, en el momento de empezar, calcules unas tres horas diarias remuneradas o facturables.

Esto quiere decir que, cada semana, facturarás 15 horas. Y en un mes, un total de 64 horas. Si es así y puesto que has de facturar 3.500 euros, divídelos entre las 64 horas facturables: tu precio/hora es de 53 €.

Te recomiendo vivamente que, conforme vayas avanzando y tengas más clientes, tal como veremos en otro punto, examines muy bien qué horas dedicas REALMENTE a cada uno de ellos y valores los clientes que te aportan una mayor rentabilidad y los que menos. Piensa que, aunque factures a cada uno de ellos el mismo precio/hora, es posible que la rentabilidad cambie porque habrá determinados servicios para el desarrollo de los cuales necesitarás pedir ayuda a otros profesionales o utilizar herramientas de trabajo que tienen un coste, por lo tanto, aunque la facturación/hora sea la misma, los costes de gestión del cliente suben y tu margen de beneficio baja.

Seguramente, al principio te resultará complicado gestionar el tiempo, sobre todo el que dedicas a tus clientes. No es raro que los clientes tiendan a quedarse más tiempo del programado y que tú tengas la dificultad de despedirte de ellos, con lo que la rentabilidad de la visita irá disminuyendo con cada minuto de más que le dediques. Tendrás la impresión de que el tiempo —y por lo tanto el dinero—, se te escurren entre los dedos. Puedes solucionarlo tomando como hábito el concentrar todas tus visitas en un mismo día. Si lo haces así y las programas convenientemente, la llegada de la nueva visita supondrá el fin de la anterior; ocurrirá de una forma muy natural y evidente para ti, desde luego, pero también para tus clientes.

Por último, insisto en que te hagas asesorar por profesionales en aquellos puntos en los que tú te sientas débil o que no sean competencia directa de tu negocio. Vale la pena que procures colocar unos cimientos sólidos en un proyecto para el que deseas un largo recorrido.

Si hay algo que he hecho desde el primer momento en que empecé a montar mis negocios, ha sido confiar las actividades a desarrollar en manos de los profesionales adecuados para cada una de ellas.

Si necesitas el logo de tu marcha, pídesela a un diseñador gráfico publicitario. Si necesitas entregar la declaración de IVA trimestral deja que la haga un asesor fiscal y libérate del tiempo que necesitas para desarrollar esta tarea. Si tienes que publicar en tu web o redes sociales imágenes o fotos tuyas, pídeselas a un fotógrafo profesional.

Todo esto es lo que considero, quizás de una forma un poco original,

"invertir en ti mismo". Invierte en ti y en tu proyecto, rodéate de los mejores profesionales. Hay gastos que en realidad son inversiones, porque harán que tu actividad alcance su punto de equilibrio mucho más rápido que si te ocuparas tú mismo operativamente de todo.

REGLA Nº7: "GRANULA TUS PRODUCTOS O SERVICIOS"

Esta regla va estrechamente unida, en algunos aspectos, a la anterior.

Se trata de una cuestión eminentemente práctica.

Ponemos en marcha nuestro proyecto. Nuestros servicios o productos están en el mercado.

Sobre todo, al principio, cuando empezamos, ofrecemos nuestra "mercadería" desde un punto de vista global. Nos presentamos con grandes bloques de productos o servicios.

Al poner en práctica la "regla 6", iremos apreciando aquellos servicios o productos menos rentables, y distinguiremos los que tienen mejor rentabilidad.

Con estos resultados, procederemos a analizar lo que significa la información recabada y, sobre todo, de qué manera más ventajosa podemos usarla.

Descartar lo que no tiene salida, lo que no genera clientes ni, en consecuencia, facturación, es una medida lógica —eso sí, tendremos encuentra el valor añadido de según qué productos o servicios que, como acabamos de ver, pueden no generar una rentabilidad económica, pero sí pueden generar beneficios de imagen, prestigio y posicionamiento en tu mercado; lejos de ser despreciable, esto es valiosísimo—

Después, frente a aquellos productos o servicios que sí generan clientes e ingresos, cabe hacer un análisis en profundidad, preguntándonos cómo podemos optimizar estos resultados

En este sentido, es importante que nos demos cuenta de si, en ocasiones, estamos dando "demasiado" por un precio, en proporción, "demasiado" bajo… Es un error bastante más frecuente de lo que podemos pensar, especialmente si hablamos de proyectos unipersonales

Lo cierto es que, cuando esto ocurre, nosotros somos los primeros en darnos cuenta. ¿Cómo no vamos a darnos cuenta del tiempo, las energías, la dedicación que ponemos en alguno de nuestros servicios o con alguno de nuestros productos y no tenemos la conversión económica que sabemos que merecemos?

Si prolongamos mucho tiempo esta situación, vamos a correr el riesgo de desmotivarnos e instalarnos en la insatisfacción y la queja. Demasiado cerca, quizá, de las emociones y sentimientos que hemos podido sufrir en el pasado, antes de dar el paso de emprender… ¿Para eso hemos recorrido un camino tan largo?

En estos casos, hemos de poner el mismo cuidado que cuando hemos de ser capaces de no apegarnos de una manera insalubre a los proyectos que no funcionan. Si a estos hemos de saber decirles adiós, lo mismo hemos de saber hacer con un servicio o producto que tampoco funciona.

Existe otra medida, porque no siempre se trata de zanjar servicios poco rentables: revisar el servicio en cuestión, analizarlo al detalle, ver si en realidad ese servicio contiene otros servicios… Desde estas nuevas perspectivas, desde estos nuevos ángulos, pueden surgir concepciones más creativas y más eficaces de optimizar nuestro trabajo

Puede ocurrir, incluso, que granulando nuestros servicios alcancemos un mercado más amplio porque habremos racionalizado nuestra oferta

Recuerdo ahora que, hace unos meses, vino a mi despacho un cliente: un coach.

Tiene un sistema de trabajo que se articula en un desarrollo de siete sesiones.

Analizando este sistema, este coach prevé una media hora de preparación por por su parte, antes de recibir al cliente. Después de cada sesión, escribe un correo electrónico en el que detalla a ese cliente los detalles de su proceso, cómo está avanzando en el mismo y aquellos puntos críticos en los que hay que seguir profundizando. Un servicio excelente, ¿verdad?

Al coach de esta historia no le faltan clientes, pero precisamente cuando iba aumentando su número de consultas fue cuando se dio cuenta de que estaba dando más importancia a la calidad del servicio que a su rentabilidad, de una forma claramente desequilibrada

Para estos tres ángulos de una misma visita —preparación, consulta y correo electrónico—, cobraba únicamente la consulta. Un servicio excelente, pero con una rentabilidad lamentable

Para mi cliente, a medida que aumentaba su volumen de trabajo, más evidente se hacía que estaba trabajando muchas horas al día sin una recompensa económica proporcional

¿Qué tuvimos que hacer? Se hacía necesaria una intervención estratégica.

Optamos por granular el servicio que prestaba, distinguiendo entre la sesión de coaching propiamente y el correo electrónico que tanto valor añadía a su sistema de trabajo. Ofrecer los dos servicios por separado, dando al cliente la posibilidad de escoger entre ambas opciones según sus exigencias, necesidades y posibilidades económicas. Esta acción provocó un giro casi mágico en sus resultados: el famoso correo electrónico que, hasta entonces, pasaba desapercibido, adquirió un peso específico claro, resolviendo lo que era una ineficacia operativa importante

No se trata, normalmente, de reducir actividades, sino presentarlas convenientemente valoradas ante el cliente o potencial cliente, para que él pueda escoger con el debido conocimiento, lo que prefiere o necesita

Otro caso que me tocó de cerca fue el de un restaurante, cerca de mi despacho.

El servicio era excelente, los productos frescos y la comida elaborada muy rica. Solía ir a comer a menudo. El precio del menú —unos 12 euros—, te permitía salir muy satisfecho del establecimiento, que siempre estaba lleno, confirmando que las cosas estaban marchando muy bien.

Sin embargo, el año pasado, después de las vacaciones de verano, supe que el restaurante había sido traspasado. Me extrañó muchísimo. ¿Qué había pasado?

El problema que había arruinado aquel restaurante fue una mala gestión en el cálculo de la rentabilidad de los menús: una desproporción de los costes con respecto a los ingresos, de manera que, a medida que el local recibía más clientes, el desequilibrio económico se multiplicaba. Cuanto más menús vendían, más pérdidas acumulaban. Tuvo que bajar la persiana y traspasar.

Cuando entendí lo que había ocurrido, pensé que, si los antiguos dueños hubiesen sido capaces de atender las exigencias de su público diferenciando, por ejemplo, entre un menú Basic y uno Premium —los famosos menús ejecutivo—, quizás habrían tenido menos afluencia de público, pero sus cuentas no se hubiesen descalabrado como lo hicieron; y yo, hoy, probablemente, seguiría pudiendo disfrutar de un menú que me satisfacía enormemente.

REGLA Nº8: "CUIDA TU IMAGEN OFFLINE"

Es muy importante, como emprendedores, que cuidemos nuestra "marca. Y en un sentido muy profundo, nuestra "marca" empieza en nosotros mismos.

Sí, nosotros somos nuestra marca. Incluso más allá de los servicios o productos que ofrezcamos; más allá de nuestra web, de nuestro logo…

Nuestra "imagen offline" es nuestra forma de "ir por el mundo" en relación directa con nuestro proyecto.

Es una cuestión de coherencia. De honestidad.

Lo más importante que debes que tener en cuenta es la coherencia en tus acciones, aunque estas, de repente, te lleven a tomar unas decisiones que preferirías no tomar.

Más adelante te hablaré de la importancia que representó en mi experiencia el hecho de haber "invertido en café". De momento me limito a invitarte a empezar a ser el centro de atención de tus contactos, de tu mundo.

No me refiero a que desarrolles calidades de egocentrismo probablemente difíciles a digerir por parte de tus amigos; pero algo parecido sí: sé positivamente y serenamente egocéntrico.

Haz que los demás reconozcan en ti a una persona de la que poderse fiar, una persona con las ideas claras, positiva, de alguna forma un ejemplo a seguir.

Es como cuando uno empieza una dieta… Lo primero que hay que hacer es decirlo a todo el mundo para que, de esta forma, tu entorno te pregunte "¿pero no estabas a dieta?", cuando decidas comprarte un rico helado.

Empieza a ser la persona que quieres ser. Transmite lo que quieres transmitir.

¿Piensas que alguien podría fiarse de comprar tu producto o servicio si siempre te vas quejando de lo mal que va la economía o de que siempre estás al borde de no tener dinero para pagar tus gastos?

Vivimos rodeados de incoherencias porque la incoherencia forma parte del ser humano. Personas que dicen una cosa, hacen otra y probablemente piensan una tercera.

Nadie es perfecto y a todos nos puede pasar que digamos algo que no pensamos, hacer algo que no está en línea con lo que decimos que queremos hacer... El problema no es experimentar situaciones de falta de coherencia; ojalá sigamos viviéndolas porque nos indica que estamos vivos... El problema es no darnos cuenta de que esto pasa. El hecho de que no nos demos cuenta no quiere decir que los demás no lo vean y no lo valoren en consecuencia.

La falta de coherencia, obviamente, se da cuando queremos enseñar una parte positiva y de esperanza hacia el futuro cuando en realidad no la tenemos arraigada en nuestro interior. Por esta razón he llegado a la conclusión, tras estos años, de que un emprendedor de éxito es alguien que, antes de empezar, necesita realizar un trabajo de descubrimiento interior muy importante, un trabajo que lo lleve a definir sus objetivos y valores, y que lo ayude a encontrar el máximo grado de coherencia posible consigo mismo y con lo que está a punto de empezar.

Me he encontrado con futuros emprendedores que querían arrancar un proyecto que sencillamente no era el suyo. Era el proyecto de sus parejas, de sus padres, de sus hijos, de sus amigos; pero no el suyo.

Está lleno el mundo de médicos que querían ser cocineros o abogados que querían dedicarse a escribir libros. Y me encantaría tener ahora la varita mágica, para poder ayudar a poner a cada uno en el sitio que más feliz le haga.

La coherencia con nuestros objetivos nos hará coherentes en los mensajes que transmitimos cotidianamente a los demás. Y los demás lo apreciarán: se darán cuenta, hablarán de nosotros y contribuirán el éxito de nuestros negocios.

En un mundo objetivamente complicado, en el que a veces parece imposible moverse, el ser humano está naturalmente fascinado y atraído por los que nos transmiten seguridad y tranquilidad. Como las mariposas que llenan nuestras noches de verano, que se vuelven locas cuando ven una bombilla encendida: todas van hacia ella.

Además, tienes que tener en cuenta una cosa que considero muy importante: jugar el rol del "sano egocéntrico" te permitirá, constantemente, entrar en contacto con nuevas personas, nuevos proyectos, nuevos sueños y nuevas formas de hacer lo que hasta ayer estabas haciendo.

No te tendrás casi que preocupar más de buscar oportunidades, porque serán las propias oportunidades las que vendrán a tocar a tu puerta.

Todos necesitamos escuchar lo que opinan las personas que nos quieren y por las que tenemos aprecio profesional ¿verdad?

Por eso te invito a que vayas trabajando haciéndote espacio y a que empieces a jugar, sin miedo, el papel de "persona importante y reconocida" con el mayor número de personas posibles.

Además de ser muy gratificante y bonito, vivirás retroalimentado de esta buena energía. Y todo ello sumado, repito, a todas las oportunidades y proyectos que irán pasando por delante de tus ojos.

REGLA Nº9: "CUIDA TU IMAGEN ONLINE: ESTÁS PRESENTE CONTINUAMENTE EN LAS REDES"

Bill Gates dijo: "Habrá dos tipos de negocios en el siglo XXI: aquellos que estén en Internet y aquellos que ya no existan."

Hoy, esta afirmación parece adquirir cada día más fuerza. Y es normal si tomamos en cuenta que casi la totalidad de nuestros clientes están conectados 24 horas al día a través de sus teléfonos inteligentes; así que, potencialmente, podemos alcanzarlos en cualquier momento del día.

Cuando tu marca es todavía joven, a medida que estés dispuesto a "acompañarla", a dar la cara por ella siendo su aval, podrá ir creciendo más rápidamente.

"Acompañarla" quiere decir exponerte, en primera persona, tanto en el mundo offline (en charlas, conferencias, etc.) como, obviamente, en el mundo digital.

Este es un proceso que he comprobado desde la vivencia más personal y que vivo cada día con mis clientes.

Antes de que decidiera crear mi propia agencia, recién salido de la empresa, fui presentándome al mercado solo y exclusivamente con mi nombre y apellido; mi página web tenía mi nombre y apellido y utilizaba exclusivamente mis redes sociales personales.

Todo lo que hacía lo hacía bajo mi marca personal porque, sencillamente, en aquel momento, casi el cien por cien de los servicios que ofrecía era directamente yo quién los llevaba a cabo.

Con el paso de los años, fui añadiendo nuevos servicios y, consecuentemente, empezaron a colaborar conmigo nuevos perfiles profesionales. Esto me llevó a adelantar una decisión que igualmente hubiera tomado, tarde o temprano, y que fue la de empezar a separar mi marca personal de la de mi agencia.

¿Qué experimenté y qué experimento, también, cada día con mis clientes?

Que lo que hice yo casi por casualidad, fue en realidad la forma más rápida para llegar a mi objetivo. Intento explicarme mejor con un ejemplo:

Cuando estamos acostumbrados a ir a comprar a la misma tienda del barrio, la de toda la vida, y nos da igual si gastamos algo más que si compráramos en un centro comercial, lo hacemos movidos por razones que evidentemente van mucho más allá de lo económico. Probablemente nos gusta cómo nos atienden, conocemos a los dueños de la bodega desde que somos niños, está al lado de casa… En otras palabras, aquella tienda de barrio se ha ganado nuestra confianza. Y es justamente la confianza la palabra clave de cualquier presencia online de éxito.

Tenemos que ser conscientes de que las personas, visitando nuestra web o nuestros perfiles en las redes sociales, aunque no lo hagan conscientemente, nos valorarán a nosotros o a nuestra empresa en base a lo que ven. Llegarán a poder imaginar cuáles son nuestros valores, nuestra forma de ver la vida, y se harán con una idea, más o menos acertada, de la calidad con la que ofrecemos nuestros productos o servicios, así como de una infinidad de ulteriores matices, pequeños pero importantes.

Lo que está pasando es que la huella digital que estamos dejando en el mundo online trabaja y habla de nosotros también cuando nosotros estamos dormidos.

Hace un tiempo fui socio en una pequeña tienda de barrio. No tenía posibilidad de dedicarme operativamente a ella porque estaba trabajando todavía en la empresa, pero a lo que sí me dedicaba era a seleccionar proveedores y a definir con ellos condiciones de compra.

Un sábado por la mañana vino a la tienda un comercial a proponer sus productos. La verdad es que la calidad de los materiales me parecía interesante y también el diseño de los objetos que me quería proponer, tenían algo de original y, con mucha probabilidad, hubieran podido interesar a nuestros clientes. Antes de que el comercial se fuera de la tienda le pedí una tarjeta de visita para poder contactarle fácilmente en cuanto hubiese tomado alguna decisión al respecto del probable pedido… Y me puse a rastrearle en Google: me encontré de todo y más. Sin entrar en los detalles, que muy poca importancias tienen ahora, el resultado fue que, por culpa de lo que vi, decidí finalmente no comprar. Aquel comercial ya no me despertaba la confianza que había sido capaz de transmitirme durante la charla y, automáticamente, tampoco su empresa me la transmitió.

Hasta que las personas no nos conozcan, somos lo que transmitimos en la red. Para bien o para mal. Y lo que hay en la red tiene que estar en línea con nosotros mismos, porque si no, esta falta de congruencia nos pasará factura y podrá perjudicar de forma importante la evolución de nuestro negocio.

Siempre invito a mis clientes a cuidar al máximo los detalles de todo lo que publican en sus redes sociales. Una foto mal enfocada, con luz insuficiente, movida, etc., transmite de forma más o menos subconsciente a los demás que está mal cuidada nuestra forma de expresarnos y que, por lo tanto, esta misma falta de cuidado, probablemente, estará reflejada en nuestra forma de trabajar. Quizá esto no sea así; pero este es el mensaje que transmitimos.

El mismo cuidado hay que prestarle a los textos, los vídeos y a cualquier tipo de material que publiquemos en la red.

Que la totalidad de los internautas no sean sensibles —todavía— a estos matices también es verdad; pero un porcentaje habrá decidido tomar la decisión de no llamarnos porque, simplemente, no hemos sabido transmitir la suficiente confianza, y el posible cliente ha asociado la calidad de unas fotos con la calidad del servicio o producto que ofrecemos.

En las redes sociales no podemos estar a medias.

O estamos y lo hacemos de la forma mejor posible o mejor ni acercarnos y, obviamente, esta última no puede ser la solución de un emprendedor del siglo XXI.

También nuestra web tendrá que estar en línea con todo esto.

Recordemos que justamente nuestra web, la de nuestro negocio, tiene como único objetivo que las personas potencialmente interesadas en nuestros servicios o en nuestros productos se pongan en contacto con nosotros. Intentemos hacer todo lo posible para, una vez más, generar confianza.

Muchas veces me preguntan: ¿las redes sociales de verdad sirven para vender?

Me quedo con las palabras de un profesor que tuve y un profesional de este mundo al que tengo un particular aprecio, Victor Puig: "las redes sociales no sirven para vender, pero cuidado si no lo haces."

Tenemos que estar en las redes porque allí está nuestro cliente, porque representan una herramienta enorme para escuchar al mercado, porque allí está nuestra competencia, porque a través de un uso sano, discreto pero contundente y constante de ellas, sabremos transmitir la confianza que nuestro cliente necesita para contactarnos.

Si tuviera que decirte cuánta gente me ha contactado a través de mis perfiles personales en redes sociales, probablemente te indicaría un valor que si no fuese tal, no podría justificar todo el esfuerzo que me supone diariamente dedicarme a ellas.

Si tuviera que decirte cuántas ventas o acuerdos he conseguido cerrar gracias a las redes sociales o a mi blog, porque mi potencial cliente ha ido a buscar información sobre mí en Google después de nuestra reunión, te puedo contestar, sin pensármelo ni un segundo: prácticamente siempre.

Hace unos años, estaba dando una charla en la Cámara de Comercio de España en Miami y, durante mi exposición, una emprendedora que me estaba escuchando levantó la mano y preguntó: "si tenemos que estar presentes cada día en Twitter, Facebook, LinkedIn. Instagram… ¿Cuándo trabajamos?"

Este es justamente un error todavía muy frecuente: pensar que las redes sociales son una herramienta de diversión, algo que tenemos que hacer, pero que no sirve para mucho. No ver que son un claro instrumento de negocio es un craso error aún muy común.

Gestionar las redes es un trabajo muy serio y delicado. Aunque muchos, lamentablemente, decidan entregar esta tarea a sus sobrinos desempleados.

Un día se presentó en mi despacho el dueño de una tienda de muebles vintage de Barcelona. Vino porque era consciente de que tenía que hacer algo para mover sus ventas, estancadas desde hacía ya unos meses, coincidiendo con que "unos chavales sin mucha experiencia" habían abierto una tienda parecida a la suya y estaban arrasando en el barrio… y más allá. El caso es que aquellos "chavales sin mucha experiencia" estaban gestionando su estrategia de marketing y de comunicación online de una forma excelente.

Su capacidad de trasmitir a través de las redes sociales era de una calidad humana excepcional, de gran empatía con los internautas, con muy buen rollo y deseo de pertenecer a una comunidad —"la comunidad de los amantes de la decoración vintage"—; lo que le había permitido darse a conocer, ya no solo en el barrio. Su alcance era nacional y sobrepasaban, incluso, fronteras. Gracias a su estrategia de comunicación, habían sido capaces de lograr, en solo unos meses, lo que la tienda de barrio de toda la vida, había conseguido después de muchos años y en un espacio relativamente reducido, como puede ser el barrio Eixample de Barcelona.

Así que mi sugerencia en este caso es muy clara: independientemente de que hayas dado el salto y hayas dicho "basta", empieza también, a entrar en este mundo lo antes posible.

Hazlo con rigor y con dedicación, que esta actividad forme parte de tu día a día.

REGLA Nº 10: "SÉ DIFERENTE CON RESPECTO A TU COMPETENCIA"

Los comerciantes chinos dicen que en una calle en la que hay muchas zapaterías, ese es el mejor lugar para abrir la tuya. Nuestra mentalidad, por lo común, tiende a hacernos pensar que, por el contrario, lo ideal es ser "único".

Con esta regla, podemos plantearnos una síntesis de ambas concepciones de mercado.

Es verdad que, difícilmente, seremos "únicos"; sin embargo, eso es exactamente lo que somos: "únicos".

No importa que tengamos competencia. Incluso es saludable y necesario que la tengamos. Genera mercado.

Al mismo tiempo, como nuestra pretensión es posicionarnos en ese mercado, sí tendremos que ser capaces de identificar qué nos hace diferentes a nuestros competidores, qué puntos y aspectos expresan, precisamente, que somos "únicos".

De nuevo, tendremos que dialogar sinceramente con nosotros mismos, porque nuestra "unicidad" tiene que ver con nuestra esencia, con nuestro corazón. Si nuestra esencia, nuestro corazón, están presentes en nuestro proyecto, entonces seremos, inevitablemente, "únicos", y habremos dado con lo que nos diferencia de nuestra necesaria y saludable competencia.

Tienes que tener muy clara la respuesta a algunas preguntas: ¿cuál es la razón por la que un cliente tendría que comprar tu producto o servicio? ¿Qué te hace distinto a tu competencia? ¿Quieres competir con ellos en precio, en calidad, en la modalidad o modalidades de servicio? ¿Cuál es tu estrategia?

Damos por hecho que eres el mejor y el más preparado, como tu competencia. Así que no sirve que te des estas respuestas. Te invito a que profundices en las cuestiones que te he formulado. Cuando te respondas con claridad y siendo honesto contigo mismo, tú y tu proyecto saldréis fortalecidos.

En mi caso, una vez decidí mi servicio y lo lancé. Opté por una estrategia que me dio muy buen resultado y me permitió subir de forma bastante rápida mi facturación: satisfacción o devolución del dinero.

Algo que considero fundamental es tener clientes satisfechos con mi servicio. Así que, para mí, era incuestionable que el servicio que iba a prestar a aquellos primeros clientes les iba a satisfacer; por lo tanto, apostaba a mi favor: iba a ser pagado únicamente por clientes encantados con el camino que hubiésemos recorrido juntos.

Esta estrategia puede generarte la sensación de que cuando un cliente, supuestamente insatisfecho, te reclame la devolución del dinero, tú perderás mucho: ya le habrás prestado ese servicio y, satisfecho o no, el cliente habrá ganando algo con la experiencia que le has brindado. Te sugiero que te deshagas de esta idea y asumas la estrategia en su integridad, si es la que eliges poner en práctica. Yo llevo más de tres años aplicándola y solo puedo decirte que ningún cliente me ha reclamado nunca la devolución del importe abonado.

Del mismo modo que ningún cliente me ha reclamado la devolución de su dinero, sí he de decirte que yo, por iniciativa propia, lo he devuelto en dos ocasiones. En ambos casos, los proyectos estaban evolucionando de un modo que no me hacía "feliz". No me sentía a gusto en el modo en que se iban desarrollando los acontecimientos y, si algo me propuse cuando creé mi propio negocio, era que nunca más haría algo que no me gustara. Así pues, en estas dos situaciones, lo más honesto conmigo mismo —y lo más saludable—, fue renunciar a estos clientes y devolverles su dinero antes de seguir adelante.

¿Te da miedo el riesgo de tener que devolver el dinero?, ¿por qué? ¿No estás lo suficientemente seguro de la calidad del servicio que ofreces?,

¿o no te fías de tus clientes? Si es así, quizás estás actuando desde dos premisas que debes descartar: la desconfianza en ti mismo y en los demás. Revisa si tienes razones para desconfiar. De no tener ninguna, eso significa que sí confías en ti mismo, en tu servicio o producto, y, por qué no, en la buena fe de la gente… ¿O tú no tienes buena fe?

También te sugiero que diseñes y ofrezcas tu servicio o producto de la misma forma que a ti te gustaría encontrarlo y comprarlo. Te ayudará a hacer un planteamiento alineado contigo mismo, honesto. Y es algo que los posibles clientes, te lo aseguro, perciben.

Desde luego, la estrategia de "satisfacción o devolución" conlleva sus riesgos. Y si finalmente tropiezas con el cliente insatisfecho que te reclama la devolución —tal y cómo estratégicamente le prometiste—, puedes temer ver desbaratado tu equilibrio económico.

En este sentido, te sugiero que intentes estimar —aunque todavía no tengas un histórico de ventas—, el porcentaje de devoluciones. Así, de cada cien clientes, por ejemplo, ¿cuánto piensas que pueden pedirte la devolución de su dinero?, ¿el 2%?, ¿el 5%? Entonces, sobre el precio que hayas fijado a tus tarifas, añade un 2% o un 5%. Ese incremento lo reservarás en previsión de que tengas que encontrarte con la necesidad de llevar a cabo una devolución.

Por otra parte, ten presente un aspecto muy positivo que te aporta esta estrategia: nunca habrá nadie en el mercado que pueda hablar mal de ti porque le hayas cobrado algo con lo que no ha quedado satisfecho. En cualquier caso, siempre podrá decir que no le gustó el resultado y que tú, cómo le habías garantizado, le devolviste el dinero. Eres un profesional con palabra y, por lo tanto, honrado: un plus nada despreciable en el prestigio de tu marca.

Decía al principio, que la estrategia de "satisfacción o devolución" tiene un punto de partida esencial: la confianza en ti mismo y en tu servicio o producto. Además, si aplicas esta estrategia, verás estimulada tu obligación de proporcionar tu servicio o producto desde la excelencia; puesto que es la única manera de no traicionar esa confianza primera.

Añadiría que también puede diferenciarte de tu competencia tener gestos que hagan sentir especiales a tus clientes: una llamada al cabo de algún tiempo, para saber qué tal les van las cosas, por ejemplo.

Todo ello contribuye a que tú seas diferente y a diferenciar tu servicio o producto de la competencia, a que nunca pases desapercibido. ¿Recuerdas?, es la regla número 1.

Veamos, ahora, las 10 reglas de oro...

LAS 10 REGLAS DE ORO

Todo lo que hemos visto hasta ahora, tiene mucho que ver con el día a día, con ciertos aspectos prácticos que a un emprendedor le pueden ayudar a evolucionar en su proyecto en particular, pero también —al menos esa es mi intención— en un sentido más amplio, en lo que significa "vivir siendo emprendedor".

En este punto, a medida que he ido avanzando en este libro o, lo que es lo mismo, en la reflexión que he hecho y sigo haciendo con mi propia vida, creo que es el momento de abordar otra clase de normas. Son principios que tienen que ver con el día a día también, pero que están muy ligados a cómo pensamos y sentimos, con cierto ángulo más íntimo de lo que es nuestra persona.

Por supuesto, cómo pensamos y sentimos es algo que nos acompaña en todo momento. Por eso es importante que cuidemos nuestros pensamientos, nuestra manera de sentir. Nuestros pensamientos y sentimientos son la base sobre la que cimentamos nuestra conducta, la base sobre la que actuamos en lo práctico, día a día.

Es justo decir que, en distintos momentos de mi vida, buscando cómo seguir formándome o, sencillamente, resolviendo los conflictos que iban apareciendo, he aprendido algunas cosas. Y en estos aprendizajes han intervenido personas de las que me siento muy afortunado de haber conocido. Al fin y al cabo, probablemente todo se reduce a estar con nosotros mismos y con los demás: en eso consiste ser humano. ¿No?

Y en este punto, viene a mi memoria, en aquel 2002 que se antoja cada vez más lejano, una situación que viví trabajando en un almacén de Milán.

Era un almacén que ya no estaba, estructuralmente, en condiciones de gestionar todo el volumen de productos que en él se tenían que almacenar. Una huelga de transportistas se sumó a la situación que, día tras día, fue empeorando. De repente, todo se paró. Colapso total.

Un almacén funciona mientras el volumen de producto que entra es igual al volumen de producto que sale, pero si el producto sigue entrando y no hay forma de hacerlo salir... ¡Ahí empiezan los problemas!

Me acordaré toda la vida: pasé tres días trabajando veinticuatro horas cada día. Mi compañero Darío y yo nos turnábamos para poder ir a descansar al menos un rato.

Con veintisiete años, en medio de aquella crisis, se me plantearon toda clase de posibilidades: "lo dejo todo y me voy", "¿cómo voy a aguantar por más tiempo esta situación?" Y otras muchas, más o menos del mismo estilo.

Al tercer día, todo empeoró aún más. Uno de los operarios del almacén sufrió un pequeño accidente —nada grave, afortunadamente—, que le obligó a quedarse en casa. Lo ocurrido, encendió la tensión que venía acumulando y exploté.

No podía más. Estaba muy cansado. Terriblemente cansado. No podía entender cómo ningún directivo, desde las oficinas centrales, podía ser consciente de lo que estábamos viviendo.

Salté de tres en tres las escaleras que separaban el almacén del despacho de mi jefe inmediato. Quería decirle: "¡Basta ya!".

Entré en el despacho y vi su cara. Su expresión revelaba el mismo agotamiento que yo estaba experimentando. Iba vestido con un chándal porque incluso él, un director, estaba ayudando en la operativa más cruda del almacén. Me dejó hablar.

Cuando terminé, me dijo:

"Erick, tómate esta experiencia como un gran aprendizaje. A mí también, como a ti, me gustaría que la solución llegase ahora mismo y que, desde la central, nos enviaran urgentemente los recursos que necesitamos para hacer frente a esta locura. Pero no está siendo así.

No perdamos la cabeza. El problema que estás viviendo, por duro que sea, no es tuyo: es de la empresa. Y la empresa te paga a ti para que intentes encontrar la solución".

Mi jefe se llamaba Felice que, por cierto, en italiano significa "feliz". Una gran persona que, en aquel momento, me estaba dando una gran enseñanza y me regalaba las herramientas con las que re-encuadrar la experiencia que nos estaba tocando vivir.

No podemos ser buenos profesionales si no somos buenas personas. Si no estamos en orden con nosotros mismos, serenos y tranquilos, en equilibrio, no seremos capaces, ante cualquier dificultad que la vida nos haga llegar, de tomar la distancia suficiente como para ver que la solución está al lado mismo de la dificultad.

He querido contar esta historia porque fue clave en mi etapa como trabajador por cuenta ajena y, sobre todo, porque fue la primera vez que tomé conciencia de lo importante que es cómo ver la vida y cómo vivirla. También en el trabajo.

Es precisamente de de esto de lo que hablaremos en los próximos diez puntos: de que la vida es bastante más sencilla de cómo hemos aprendido a vivirla.

REGLA 1ª: "PONTE UN PISO MÁS ARRIBA"

A lo largo de tu camino como emprendedor te encontrarás a diario con un montón de decisiones que tomar. Y como te decía unas páginas antes, tendrás que aprender a tomarlas de una forma decidida y rápida.

Cada decisión que tomamos en el día a día, tiene un objetivo. A veces, el objetivo es claro. A veces, no tanto.

Los objetivos son como las matrioskas o muñecas rusas. Si las miramos desde fuera, con un vistazo rápido, solo vemos una muñeca. Pero en realidad estamos mirando a muchas matrioskas, porque dentro de la que vemos se esconden unas cuantas más. Si sustituimos la palabra "matrioska", por la palabra "objetivo", la metáfora toma sentido mágicamente, ¿verdad?

Así, teniendo presente la metáfora, cada vez que anotemos un objetivo que queremos lograr, hemos de saber qué otros objetivos forman parte de este. Si lo hacemos de esta manera, en caso de que experimentemos alguna dificultad para alcanzar el objetivo primero, quizás podamos atacar antes alguno de los objetivos que forman parte de él y, tarde o temprano, conseguiremos verlo realizado.

Te pongo un ejemplo, un día recibes un correo de un posible cliente en… no sé Valencia, por ejemplo. Tras visitar tu página web, quiere que le pases más información sobre los servicios que ofreces o los productos que vendes. Quizás te sientes, al leer el correo, muy feliz. Por fin tienes la posibilidad de darte a conocer en otra ciudad e, ilusionado ante la expectativa de cerrar un acuerdo comercial tan prometedor, no puedes ni tan siquiera dormir.

Preparas la información que el cliente potencial te ha pedido. Elaboras el presupuesto. Lo envías todo. Y tu interlocutor te devuelve nuevas preguntas, más y más dudas. Ya no sabes cómo explicarle que tú eres la mejor opción que va a encontrar en el mercado… ¿Qué está pasando? Lo más importante que está ocurriendo es que estás volcando todas tus energías en un objetivo tan inmediato como sencillo: "cerrar un acuerdo comercial con aquel cliente potencial de Valencia".

Cuando te pase esto –o algo parecido-, sin que consigas dar un paso adelante en la negociación, pregúntate inmediatamente: "¿Es este el objetivo final que quiero lograr y por el que estoy luchando?"

¿Cuántos objetivos de segundo nivel hay dentro de este objetivo que tenemos delante de nuestros ojos? Estoy seguro de que te da absolutamente igual que el cliente potencial de Valencia llegue a ser cliente tuyo. Solo estás luchando por conseguirlo porque, en tu cabeza, te has hecho la idea de que ÉL será la puerta que te abrirá un nuevo mercado. Pero, ¿y si no es así? Porque es razonable pensar que puede abrirte esa puerta, pero también es razonable pensar que no lo haga. Sin embargo, nos aferramos a la idea primera, nos aferramos a la convicción de que nos la abrirá, y entramos en un bucle agotador y, a menudo, improductivo. Se trata de encontrar las herramientas para salir del bucle.

Nos preguntaremos ahora —volviendo al ejemplo que estamos usando—: "¿Por qué quiero cerrar el acuerdo comercial con el cliente de Valencia?"

Y sigues respondiéndote: "porque va a abrir mi negocio al mercado de una nueva ciudad".

¡Perfecto! A estas alturas creo que ya hemos entendido que lo que tú quieres es abrir tu negocio en el mercado de Valencia. Eso es lo que realmente quieres. Este es el objetivo que está detrás de tu casi obsesión con el cliente de Valencia. Así que, detente y empieza a pensar en las cosas que puedes hacer para llegar al mercado valenciano, las cosas que puedes hacer sin que tenga que existir el cliente ese que tanto se te resiste. Estoy seguro de que darás una respuesta muy sencilla, una respuesta que siempre ha estado ahí y que no veías porque solo mirabas a la "matrioska" que tenías delante y no te entretenías en mirar a las otras "matrioskas" del interior.

Lo que te acabo de contar lo he comprobado en mí mismo y he visto cómo les pasaba, también, a muchos emprendedores con los que trabajo y colaboro y que, como yo mismo, como tú, también se han encontrado en situaciones como la de nuestro hipotético cliente de Valencia. Y, atención, un emprendedor no puede permitirse el lujo de quedarse encallado.

Cuando nos demos cuenta de que, en efecto, nos hemos quedado varados; de que estamos empeñados en luchar por alcanzar un objetivo que se nos resiste, entonces, automáticamente, hemos de tomar conciencia de que existe, seguro, otra forma de conseguir lo mismo. Y que es una forma más sencilla que podremos recorrer utilizando la mitad de esfuerzos y energías.

¿Cómo dar con esa otra forma de conseguir lo mismo?

Preguntándonos: ¿para qué?

— "Quiero cerrar este cliente de Valencia. — ¿Para qué?
— Para abrirme mercado en la plaza de Valencia. — ¿Para qué?
— Para ampliar mi facturación en España. — ¿Para qué?
— Para que mi empresa evolucione y crezca fuerte. — ¿Para qué?
— Para lograr mi objetivo de vida — ¿Para qué?
— Para ser feliz."

Este cambio de perspectiva, esta manera de re-enfocar las situaciones, es lo que me ayudó a entrever lo que había tras mi jefe Felice en aquel almacén de locos un ya lejano 2002. Y lo que, después, paso a paso, he ido comprobando y aprendiendo a practicar.

Si te encuentras atascado en una situación, detente. Pregúntate para qué estás haciendo lo que haces e irás colocándote "un piso más arriba". Tomarás distancia con el problema concreto que estás viviendo en el día a día y , con cada "para qué" que respondas, llegará, deprisa, una solución que además será efectiva.

Se trata de ir practicando este *modus operandi*. En tu proyecto, en los negocios, en todas partes, en cualquier área de tu vida, incluso para decidir dónde ir de vacaciones.

Quieres ir a Miami, pero todo son dificultades. Vuelos caros, hoteles llenos... Entonces, pregúntate, "¿para qué quiero ir a Miami?" Quizá, respuesta a respuesta, al final todo se reduzca, sencillamente, "a vivir las vacaciones de mi vida". Entonces descubrirás que el vuelo accesible, el hotel disponible, está en Ibiza. Y ahí están las vacaciones de tu vida.

Se trata de ir descubriendo, una tras otra, todas las matrioskas que hay dentro del objetivo que tienes delante de tus ojos. Al final, llegarás a la matrioska más pequeña, la única de madera maciza, el corazón de la más grande...

REGLA 2ª: "¡SER EGOÍSTA NO ES MALO!"

Muchos de nosotros hemos sido educados en la idea de que "ser egoísta es malo". Pues bien, vale la pena matizarlo y, sobre todo, ver el lado "positivo" del egoísmo. De hecho, a propósito de este concepto, circulan distintas interpretaciones.

La primera a la que me he referido habla de un "egoísmo moral", de esas acciones que llevamos a cabo en favor de nuestro beneficio, sin tomar en consideración al otro y bajo riesgo de poder, incluso, perjudicar a los demás.

Yo te hablo de un "egoísmo" distinto, en el que rara vez somos adecuadamente educados. Hablo de un "egoísmo biológico". No quisiera hacerme denso ni académicamente excesivo, pero existe una amplia bibliografía que se plantea estas cuestiones.

Simplificando este complejo universo de interpretaciones, la que yo hago, se ajusta a un principio, en mi opinión, tan básico como fácil de exponer: "si uno no está bien consigo mismo, no puede dar a los demás". O lo que es casi lo mismo: "si uno está bien consigo mismo, puede dar a los demás".

Hay momentos en los que se hace, no solo recomendable sino necesario, que uno se ocupe, en primer lugar, de sí mismo. Y ha de hacerlo sin sentirse culpable porque "¡el egoísmo no es malo!".

Si me ocupo de mí mismo, si me pongo en forma y me sitúo en mis mejores condiciones, entonces estaré en disposición de ayudarme a mí y de ayudar a otros: podré dar sin agotarme, sin quemar mis propias posibilidades, sin minar mi fuerza y mis recursos. Al contrario, si ayudo a otros, si doy desde mis mejores condiciones, entonces me alimentaré de una energía renovada.

Si un par de buzos han de sobrevivir con el oxígeno de una sola botella de oxígeno, no puede ser que uno haga aspirar continuamente al otro, porque entonces, éste irá perdiendo fuerzas, se terminará ahogando y, además, probablemente se convertirá en una peligrosa carga para el superviviente.

Oxigenémonos bien y, con los pulmones en condiciones y las células a punto, podremos seguir ocupándonos de nosotros mismos y también de quien nos necesite. Cuando salgamos a la superficie, ambos lo celebraremos.

Cuando un avión va a despegar, ¿qué nos explican los auxiliares de vuelo?, ¿qué hay que hacer en el desgraciado caso de que se descuelguen las mascarillas de oxígeno? Primero tenemos que ponérnoslas nosotros mismos, cada uno la suya, para así poder, después, ser de ayuda a los demás.

A menudo me llaman oenegés o asociaciones cuyos fines sociales son muy próximos a los míos, y me piden que les ayude a definir su estrategia de comunicación o que les desarrolle una web.

Cuando me ocurre esto, siempre tengo que realizar un esfuerzo sobre mi tendencia a ayudar a todo el mundo. Además, en estos casos, hay un fin social que para mí es importante… Entonces, he de recordar que estamos hablando de mi trabajo; y que, el día que gane la lotería, entonces seguiré haciéndolo completamente gratis para las causas que despiertan mi preocupación e interés. Pero, mientras tanto, no puedo sentirme culpable por dar un valor dinerario a lo que hago, aunque sea para una ONG.

He de reforzar mi empresa porque de su capitalización depende mi supervivencia y, sobre todo, mi futuro. No puedo ni debo poner en peligro mi futuro en favor de un proyecto —cuestión distinta es que, en estos casos, decida aplicar una tarifa distinta—. Con el tiempo, consolidada mi posición y con un amplio capital sustentándome, entonces podré, cómo no, dedicar todos los recursos a mi alcance en todos los proyectos sociales que decida.

A veces, solo es una cuestión de tiempos. Si doy antes de tiempo, me arriesgo a no poder dar en el futuro.

Otras veces, la situación es más sutil y, a priori, puede parecer más difícil de manejar. Es cuando te das cuenta de que, detrás de la petición de un cliente, hay un abuso de tu tiempo y, en general, de tu servicio. Pasa con bastante más frecuencia de lo que podemos pensar. No te preocupes: cuando detectes esta situación, levanta la mano y toma la iniciativa de volver a organizar la relación "proveedor-cliente", recuperando el equilibrio. Es muy saludable para todas las partes: para tu proyecto, desde luego; y, por ende, para el proyecto de tu cliente.

Concluyendo…. Cuando estés trabajando para hacer crecer tu negocio, intenta concentrar todas tus energías en tu negocio. Ya llegará el tiempo en el que tu volumen de trabajo —y de facturación—, te permitirá empeñarte para ayudar los demás. Si lo haces antes, es probable que este momento nunca llegue y al final, no ayudándote a ti mismo, nunca serás capaz de ayudar a los demás. Una cuestión de tiempos.

REGLA 3ª: "¡ROMPE LAZOS!"

Esta regla puede parecer tan fácil de entender como de llevar a cabo: si estamos relacionándonos con personas o situaciones con las que no conectamos, no se trata de reprocharles nada a ellas ni reprochárnoslo a nosotros mismos, sencillamente se trata de romper los lazos que pueden unirnos y emprender cada uno su camino.

Si no conectamos es posible que, además, no nos aporten nada y, probablemente, nosotros tampoco a ellas. Es posible, incluso, que nos estemos perjudicando mutuamente. Y sabemos cuándo ocurre eso.

Pues bien, si esto es lo que nos está pasando, no tiene sentido mantener esos lazos. Desde luego, a nosotros no nos conviene —y recordemos que el egoísmo no es malo; en estos casos, es bueno recordarlo—. Y cuando a una de las partes algo no le conviene, tarde o temprano, a la otra tampoco.

En definitiva, hay que tener la capacidad para decir adiós a personas y situaciones, hacerlo sin haber alimentado rencores y deseando el mejor de los destinos a la otra parte. Nosotros lo agradeceremos y, seguramente, el otro también.

Cada uno de nosotros, cuando se despierta por las mañanas, es como si tuviera a su disposición un frasco lleno de un líquido ideal llamado energía. Este "líquido intangible" no es infinito y solo se regenera con el sueño así que tenemos que saber aprovecharlo de la mejor forma posible porque nos tiene que durar las 24 horas del día.

Esta energía la vamos gastando —o invirtiendo— en distintas situaciones: discusiones, colas, estrés, momentos difíciles de gestionar, relaciones conflictivas, comer, pasear, trabajar, una charla entre amigos, cuidar a nuestros hijos, nuestra pareja... Y no sólo las cosas negativas nos quitan energía vital, también la positivas lo hacen. Es un hecho, no hay que desesperarse, pero hay que tenerlo en cuenta: del mismo modo que somos conscientes de que el dinero es un recurso limitado que hay que aprovechar y cuidar; hemos de ser conscientes también de que nuestra energía vital también es limitada, se agota y hay que saber aprovecharla, poniendo mucho cuidado en cómo y dónde la invertimos.

Te invito a que reflexiones si hay algo en tu vida —profesional o personal— que te está haciendo desperdiciar parte de este recurso en cosas que no están alineadas con tu objetivo; o si, por ejemplo, estás dando una prioridad excesiva a cosas que no deberían ser tan importantes.

Piensa especialmente en proyectos —profesionales o personales— que estás intentando llevar a cabo con personas con las que sabes que no compartes los mismos valores. Son proyectos que percibes que te están absorbiendo más de la cuenta; y ellas son personas con las que parece que remes a contracorriente y que solo contribuyen a que tus problemas tarden más en solucionarse.

Este análisis has de hacerlo a trescientos sesenta grados.

Tómate tu tiempo. Es probable que estés malgastando energía en algo de lo que, quizá, todavía no eres del todo consciente.

Cuando hayas identificado las cosas en las que estás perdiendo más energía —y las personas que participan de ellas—, actúa lo antes posible. Rompe el lazo. Desde el cariño y la gratitud, pero rómpelo. Rómpelo lo antes posible y de forma muy tajante.

Cuando dije aquel basta cuya historia ya conoces es porque me di cuenta que la empresa para la que trabajaba estaba absorbiendo mi energía más de lo ecológicamente aguantable. Y actué lo antes posible porque sabía que si me hubiera quedado aguantando esa presión interna, probablemente, hubiera enfermado. Y no le estoy echando la culpa a la empresa, era un tema solo y exclusivamente ligado a mí y al entorno que me rodeaba.

Imagínate, por un momento, que te entregara un vaso de vidrio con un dedo de agua en su interior y que, al mismo tiempo, te pidiera que lo aguantases, delante de ti, con el brazo extendido durante unos 5 segundos.

No te pido que hagas nada más que sostenerlo 5 segundos.

¿Fácil, verdad? Esto quiere decir que la situación de aparente incomodidad que te he invitado a experimentar no es lo suficientemente desagradable como para llegar a crearte malestar.

Imagínate, ahora, que te pida seguir sosteniendo este vaso no por 5 segundos, sino durante una hora. Seguramente tu reacción no será la misma y ya puedo imaginar cómo acabaría esta vez el juego.

La imposibilidad de aguantar situaciones incómodas en la vida profesional y personal no depende solo de la importancia que éstas tengan en sí mismas, sino de cuánto tiempo convivimos con ellas.

Es importante que nos demos cuenta y que podamos reaccionar lo antes posible, rompiendo el lazo del "juego" antes de que nuestra capacidad de aguante nos abandone y el vaso esté a punto de caer al suelo. Y se rompa.

Te invito a que veas la vida profesional, pero también personal, como una sucesión de etapas. Se nos permite pasar a la siguiente en el momento en que hemos demostrado haber aprendido todo lo que hacía falta aprender en la anterior. En cada etapa tienes que encontrar el momento ideal para dar el salto e ir a la fase siguiente.

¿Estamos obligados a hacerlo? ¡Claro que no! Como he ido recordando, el objetivo de este libro es sencillamente ayudarte a conectar con tu felicidad profesional. Si lo que vives y estás viviendo te hace feliz, sigue con ello. Pero, ¿y si te preguntas si estás viviendo la verdadera felicidad? ¿O si, quizá, la consideras una quimera que aún no tienes la fuerza —y la aparente posibilidad— de alcanzar?

Hay situaciones más difíciles que otras, sin lugar a dudas, sobre todo cuando hablamos de familiares o de socios en los negocios. Pero también en este campo hay que saber reconocer las situaciones anómalas y solucionarlas.

Hace unos años, vino a visitarme un amigo que tenía un problema muy importante en su negocio con su socia. Esto le obligaba a dedicar cada día un tiempo valiosísimo —y buenas dosis del frasco de energía del que hablábamos antes—, en discusiones estériles con ella. Invertía tiempo y energías en una relación que ya estaba más que acabada y que, cosa muy grave, lo estaba distrayendo del objetivo más importante: cuidar el negocio para que siguiera creciendo. Ella, por otro lado, ya había perdido la ilusión en su trabajo, lo que afectaba a la calidad del mismo.

A medida que disminuía la ilusión de su compañera empeoraba calidad del trabajo desarrollado y, automáticamente, mayor el cabreo de mi amigo que ya no sabía por dónde ir.

El negocio empezaba a verse afectado. Los clientes se estaban dando cuenta del conflicto interno que había entre los socios... Y algunos lo iban comentando "por la calle".

Mi sugerencia para mi amigo, fue la de dar el primer paso: proponer a su socia una salida de la empresa. Estaba seguro de que ella también lo agradecería. Y así ha sido. Hoy trabajan los dos con éxito en negocios paralelos.

Al ser humano le preocupa siempre el cambio. Incluso le asusta.

También romper lazos con un socio —de vida o de trabajo— que está obstaculizando el crecimiento de tu empresa —o de tu vida—, parece un cambio a veces difícil de poner en marcha, pero es necesario que lo sepamos hacer.

Nunca lleguemos al conflicto. Y nunca lleguemos hasta el punto en que nuestro brazo, exhausto, deje caer el vaso de vidrio rompiéndolo en mil pedazos.

Reconozcamos que las cosas así no pueden ir adelante. Y actuemos. Hagámoslo de forma serena, pero muy contundente. En estos casos, no hay que esperar que el conflicto se arregle por sí mismo.

REGLA 4ª: "AGRADECER"

La gratitud es una práctica muy valiosa.

El agradecimiento nos ayuda a darnos cuenta de todas las cosas y personas buenas que ha habido y hay en nuestras vidas.

Agradeciendo, incluso podemos darnos cuenta de cosas, personas, situaciones, hechos que nos han pasado desapercibidos y que han contribuido a que estemos donde estamos.

Agradecer, además, sirve para que seamos conscientes de todo lo perfecto que nos ha pasado y nos está pasando, alejándonos de la tentación de empezar a lamentarnos por lo que creemos que ha ido mal, que está mal.

La práctica de la gratitud optimiza nuestro ánimo, nuestra energía, nos proporciona bienestar y alegría. Y así atraemos mucho más de lo mismo.

No se trata de agradecer indiscriminadamente. A veces tampoco daremos nuestro agradecimiento expresamente. Agradecer es un ejercicio que se puede practicar desde nosotros mismos y hacia nosotros mismos. Y es que, en ocasiones, más de las que pensamos, sí tenemos que darnos las gracias a nosotros mismos, porque nos hemos ayudado a seguir adelante.

No siempre el agradecimiento llega por algo positivo. Puede que tengamos que agradecer a la vida el habernos permitido vivir una situación difícil de la que hemos sabido salir de forma digna y emocionalmente reforzados.

El agradecimiento hay que practicarlo a todos los niveles y en todas las circunstancias.

Me gusta agradecer, aunque sea dentro de mí, porque es una manera de vivir de forma consciente lo que nos pasa. Las gracias tienen un poder enorme que genera en quien las recibe, una reacción física cuántica nuclear que dura en el tiempo. Por mucho tiempo.

¿Hay algo más bonito que escuchar a alguien darte las gracias por algo que has hecho o has dicho?, ¿no, verdad? Escuchar que alguien nos da las gracias, estimula, en un micro segundo, una re-acción de empatía y de agradecimiento por el agradecimiento. Es como si estuviéramos de repente en unas de aquellas habitaciones llenas de espejos que normalmente hay en los Luna Park: entras y parece que no haya fin.

El agradecimiento tiene este enorme poder. Tiene la capaci-dad de generar un flujo de buen rollo y buena energía que difí-cilmente podemos imaginar hacia dónde nos lleva. Pero con toda seguridad, el lugar al que llegaremos será mejor que el lugar del que hemos partido.

Dar las gracias, en primer lugar, significa que nos estamos dan-do cuenta de que algo especial nos ha pasado. Es algo muy im-portante; un emprendedor tiene que mirar hacia su objetivo final, pero debe también disfrutar de los pequeños y continuos logros que vaya consiguiendo.

Las "gracias" son, justamente, la demonstración de que el pe-queño logro vivido no nos ha pasado desapercibido, lo que nos indica que estamos en el camino correcto.

Si las gracias que hemos pronunciado, las hemos dirigido hacia nosotros mismos, nos ayudarán a tener más fuerza para encontrar las energías necesarias que contribuyan a que sigamos adelante. Si nuestra gratitud la expresamos hacia una persona que nos ha ayudado, ayudaremos, con esta simple palabra, a que esa persona se sienta animada a seguir su propio camino y a que, probable-mente, nos siga ayudando por mucho tiempo.

Muchas veces, pensando en el mundo de la empresa, observo que esta palabra tan "olvidada", podría valer mucho más que mu-chas subidas salariales.

En el periodo en el que trabajé por cuenta ajena tuve que vivir años de conflictos con un jefe con el que nunca llegué a compartir su estilo directivo. Aunque aquella situación, en aquel entonces, representó para mí una fuente enorme de estrés, con el tiempo aprendí que lo que mi jefe me estaba dando era un gran regalo:

me estaba ayudando a poner a prueba mi grado de aguante y, sobre todo, me estaba enseñando un modelo de dirección que hoy sigo pensando que no hay que seguir.

Por otro lado, he vivido situaciones muy bonitas con clientes que, al final, se han transformado en amigos a los que he agradecido y agradezco que hayan tenido conmigo una relación de colaboración crítica y exigente. Esto me ha permitido poder mejorar aspectos de mi trabajo de los que se han beneficiado los clientes siguientes.

"Gracias" es aparentemente solo una palabra de cortesía a la que, muchas veces, no damos la importancia que se merece. Pero cuando se dice de forma consciente, es como si mágicamente nuestro entorno cambiara. Dar las gracias por algo quiere decir no dar nada por descontado.

Los que trabajan conmigo lo saben. Suelo muy a menudo agradecer por trabajos bien hechos, por sugerencias interesantes o simplemente para asentar la relación laboral.

Un "gracias" sirve para expresar a tu colaborador que has visto, que sabes y reconoces el esfuerzo que te está entregando. Un "gracias" asienta la relación laboral y hace crecer la confianza y el apego a tu proyecto.

REGLA 5ª: "¡FELICIDADES!"

Quiero que te prepares para lo que te voy a contar ahora, porque parece la cosa más obvia del mundo, pero para mí ha sido un gran descubrimiento.

La vida de un emprendedor no es fácil.

Al principio no es fácil porque hay que tener cuidado con la economía y estarás obligado a realizar malabares dignos del Circ du Soleil.

A medida que tu proyecto vaya creciendo, tampoco será más fácil, porque las complejidades se irán haciendo cada día más grandes y la vida te obligará a tomar decisiones a veces difíciles, pero que determinarán de forma clara el rumbo y el futuro de tu empresa.

Me acuerdo como si fuera ayer el día en que dejé el mundo de la multinacional.

Uno de mis colaboradores —y que finalmente ocupó excelentemente mi lugar—, me dijo: "Sabes Erick, me encanta verte feliz por la decisión que has tomado. Yo nunca sería capaz de tomar esta decisión porque, a mí, sigue gustándome mucho trabajar en equipo; por eso necesito trabajar en una empresa". Al escuchar aquellas palabras, se me paró el corazón.

Hasta entonces, nunca había tomado en cuenta la posibilidad de quedarme huérfano de una de las cosas que más me gustaba de la empresa: trabajar en equipo.

Me fui de aquella charla algo desanimado.

¿De verdad un emprendedor no trabaja en equipo?

¡Claro que sí! ¡Claro que un emprendedor trabaja en equipo cada día:

con otros emprendedores, con sus propios clientes, con los empleados de sus clientes, etc.

Lo que pasa es que lo hace con una sensación de constante soledad.

Existe el sentimiento de pertenecer al mismo proyecto, pero ya no a la misma empresa y, cuando se acercan las dificultades, entonces, te darás cuenta que estarás solo ante peligro (o casi).

¿Qué hay que hacer entonces?

Hay que empezar a vivir de la forma más consciente posible nuestro día a día.

¿Te acuerdas cuanto de sugería no pasar desapercibido para nadie?

Pues aquí te invito a que nunca, ningún logro que vayas alcanzando, por pequeño que sea, te pase desapercibido. Es fundamental.

Lo peor que te puede pasar es que cerrar un acuerdo comercial importante, realizar una venta no esperada, recibir la enhorabuena de un cliente satisfecho… empiecen a ser eventos normales para los que no hay tiempo suficiente para gozarlos.

Si te das cuenta que te está pasando esto, ¡párate ya! Vete a dar un paseo, porque te estás perdiendo una de las cosas más bonitas de trabajar por tu cuenta: la conciencia de que lo que estás logrando te está llegando gracias a tus esfuerzos y tu constancia.

Los agradecimientos de nuestros clientes nos dan mucho gusto. Lo sé. Pero te aseguro que hay una persona cuyos agradecimientos jamás te dejarán indiferentes; y esta persona eres tú mismo.

Llegarás más rápido al éxito cuando más agradecimientos seas capaz darte. Toma siempre el tiempo necesario para agradecerte, a diario, por los objetivos logrados, por haber gestionado de una forma excelente aquella reunión comercial, por haber llevado a cabo de una forma tan efectiva la reunión con el proveedor, por haber conseguido gestionar de manera excelente el flujo de caja de tu empresa, por haber cerrado el mes con un incremento en las ventas… Habrá millones de ocasiones para felicítate; no te pierdas ninguna.

Felicitarse es tomar conciencia de que algo estamos haciendo bien, de que estamos en el camino correcto, de que todos los esfuerzos que hemos puesto en marcha están empezando a dar sus frutos.

Agradecerse es, quizás, un verdadero estilo de vida. Es querer vivir una vida en la que nosotros estamos antes que cualquier otra cosa. Y esto genera una energía de buen rollo y de felicidad que experimentaremos nosotros mismos y que empezaremos a contagiar los demás.

Una persona feliz consigo misma, lo expresa con sus gestos, se ve al mirarle a la cara. Es una persona que transmite confianza y positividad. Es una persona a la que es fácil comprar porque transmite seguridad. Y, no lo olvides, tus clientes tomarán la decisión de comprarte a ti y no a otros, no por un tema de precio, al menos no solamente por un tema de precio.

Hay muchos más factores que influyen en un proceso de compra, pero sin duda alguna el buen feeling que transmite el "vendedor" es lo que marca verdaderamente la diferencia.

REGLA 6ª: "EL DINERO NO ES MALO"

Es más o menos frecuente que tengamos una relación un tanto peculiar con el dinero. Yo mismo crecí con la idea de que quien tenía dinero era porque lo había robado. Así de fácil y así de directo. Sin compartir conscientemente esta creencia, lo cierto es que, a fuerza de oírla, sí formaba parte de mí.

El dinero, necesario para vivir —que no para "sobrevivir", cuidado incluso con qué consideramos necesitarlo—, sencillamente "no es malo".

Querer tener dinero está bien porque está bien querer hacer cosas y, algunas, cuestan dinero.

Si nuestra relación con el dinero se fundamenta en una creencia negativa y lo asociamos a "algo malo", vamos a tener problemas con él siempre. O nos faltará —o eso creeremos—, o no ganaremos lo justo —o eso creeremos—, o lo malgastaremos —o eso creeremos—.

Puesto que estamos hablando de emprender —y ya hemos destacado en capítulos anteriores cómo relacionarnos con el dinero—, no hemos de olvidar que la manera más común, aunque no la única, de poner precio a nuestro trabajo, a nuestro producto, a nuestros servicios, es con dinero.

Poner precio a lo que hacemos, cuando somos nosotros mismos quienes hemos de hacerlo, a veces nos cuesta mucho, aunque tengamos en cuenta el precio de mercado de nuestro producto o de nuestros servicios. Por lo general, nos cuesta a raíz de nuestra manera de "ver" el dinero y de vernos a nosotros mismos en relación con él. Podemos llegar a pensar "¿nos lo merecemos?".

Y se me ocurre preguntar, ¿por qué no vamos a merecerlo? ¡Claro que lo merecemos!

No tenemos que avergonzarnos de querer tener dinero, mucho dinero. Lo que nos tiene que hacer reflexionar es en qué queremos empeñar este dinero.

Si el éxito llega con facilidad a medida que tengamos clara la razón por la que queremos ese éxito, con el dinero ocurre casi lo mismo.

Hay un ejercicio interesante que suelo proponer cuando me doy cuenta de que mi cliente no consigue arrancar su negocio porque tiene un bloqueo con el tema del dinero. Este ejercicio me lo apliqué a mí mismo en su día y, en mi caso, representó un antes y un después. Así que, con mucho gusto, te voy a contar en qué consiste.

Imagínate que en este momento te entrego 5 millones de euros en efectivo. Listos para ser gastados.

¿Sabrías decirme en que te gastarías estos cinco millones de euros?

Probablemente para contestarme vas a tener que reflexionar un poco, porque has de ser capaz de distribuir esta suma de dinero entre todos los objetivos que quieres alcanzar con ella.

Nada es bueno y nada es malo en este juego. Pero todo puede estar más o menos cerca de lo que tú de verdad quieres.

¿A qué me refiero?

Me refiero a que, a veces, es complicado ir detectando nuestras verdaderas necesidades porque la vida nos ha obligado a enfrentarnos a situaciones que, probablemente, han distorsionado nuestras prioridades.

Imagínate una persona que, por circunstancias de la vida, se ha visto obligada a vivir en una casa muy pequeña. Es probable que, por esta experiencia, al hacer este juego, decida gastarse más de la mitad del presupuesto en un hogar fabuloso. No es que esta persona necesite una casa de millones de euros para ser feliz, lo que pasa es que su "sed" de vivir en un lugar digno la está llevando, hoy, a dar a este factor una importancia más alta que la que probablemente tendría si hasta hoy hubiese vivido en una casa que, por lo menos, le hubiese parecido digna.

A esto me refiero cuando te pido que tengas cuidado a la hora de dividir estos cinco millones de euros. Te invito a que analices, de verdad, si el objetivo que estás declarando es ecológico contigo mismo. Si no hay, a tu forma de ver, filtros o situaciones que están influyendo más de la cuenta en tu decisión.

Repito, ninguna decisión que tomes será buena o mala. Pero es importante que hagas esta distribución de los 5 millones de euros de la mejor forma posible, hasta que hayas completado tu "lista de la compra" habiéndote gastado hasta el último céntimo del presupuesto que te he entregado.

Una regla del juego importante: cada cosa que apuntes en tu lista, intenta describirla con todos sus detalles. Me refiero a que no vale decir que quieres gastarte medio millón de euros en un viaje. Necesitas escribir dónde irás, con quién, cuánto tiempo durará… Lo mismo para una casa; no será suficiente decir que quieres una casa nueva. Te invito a que intentes visualizarla con todos sus detalles: cómo será, dónde estará, etc. Y así con cada cosa que anotes en la lista.

De la misma forma, si decides donar parte de este dinero para una causa, la que tú quieras, será importante definir cuál y qué te gustaría que se hiciera con el dinero.

Una vez que tengas hecho este ejercicio, te invito a que dediques, desde ahora y durante los próximos dos meses, unos minutos cada día para tomar en cuenta, una a una, las cosas que hay en tu "lista de la compra". Lee una, siéntela, imagínate en la situación de haberla comprado ya…. ¿Qué ves? ¿Qué sientes al conectar con esta situación tan anhelada? Una vez sientas dentro de ti un "click", un pequeño escalofrío, entonces, ¡ya está! Sal de este breve sueño y vuelve a la vida real.

Puede que te estés preguntando para qué sirve todo esto.

Sirve para que empecemos a mirar la vida con un espíritu de abundancia. Para que no nos avergoncemos por tener sueños grandes y, sobre todo, para que tomemos conciencia de cuántas veces hemos ahogado nuestros sueños diciéndonos a nosotros mismos "esto no lo podré alcanzar nunca porque no tengo dinero".

Obviamente, no te estoy diciendo que con este simple juego te harás rico de un día a otro —tampoco es el objetivo—. Lo que sí te aseguro es que cambiará radicalmente tu forma de ver el éxito y la medida y manera con la que puedes alcanzar tus sueños.

¿Qué he experimentado personalmente y con clientes que han querido seguir este simple ejercicio? Pues que, mágicamente, hemos empezado a darnos cuenta de cuántas oportunidades había a nuestro alrededor para ir poniendo en marcha nuestro negocio. O nos ha llamado alguien que nos ha propuesto una colaboración. O, simplemente, nuestro cerebro ha empezado a generar ideas creativas que nos han ayudado a salir de una situación estancada...

Muchas veces me he encontrado con personas que me decían: "con que consiga tener unos ingresos mensuales suficientes para ir tirando ya estaría más que satisfecho" ¿Por qué limitarte? ¿Por qué no intentar ver más allá e imaginarte con unos ingresos que, además de garantizarte una vida serena a ti y a tu familia, te permitan ayudar a los demás en una causa que te haga sentir útil y feliz?

Acostumbrémonos a pensar en grande: el dinero no es malo. El problema es no tener claro, en todos sus detalles, en qué gastaríamos la riqueza que la vida y nuestro trabajo nos podrían generar.

REGLA 7ª: "INVIERTE EN CAFÉ"

Un café es un espacio y un tiempo magnífico. Un espacio y un tiempo en el que compartimos con los demás y, con tranquilidad, de una forma distendida y amistosa, conectamos unos con otros.

Si hablamos de clientes o posibles clientes, un café favorece una atmósfera de encuentro y comunicación; una manera de identificar qué necesita el cliente y si nosotros estamos en sintonía con él.

En ocasiones, un café accidental provoca encuentros decisivos, contribuye a lo que llamamos sinergias, a que estas se generen… y funcionen. Un café también puede decidir que no es necesario seguir adelante, con lo que habremos optimizado tiempo y energía. Y todo eso ocurre en un ambiente dialogante y flexible.

Ya habrá tiempo para despacho y trabajo sesudo. Un café es una excelente y gratificante inversión.

Y no, no me refiero a que os dediquéis a recolectar o vender café.

Me refiero a que os permitáis un café acompañado.

Creo que no somos realmente conscientes de la importancia y relevancia que tiene tomar un café con alguien…

No importa la actividad de tu negocio, es fundamental construir una red de contactos alrededor para que puedas crecer.

Contar con una red de contactos profesionales con los que compartir experiencias, colaborar y aprender unos de otros, facilitará ese crecimiento, te enseñará y te abrirá muchas puertas.

De hecho, es una de las maneras más efectivas de crear esas sinergias tan necesarias con otros profesionales que compartan tu misma actividad u otra complementaria. Y, una de las partes más importantes y útiles de un café son las oportunidades de negocio que surgirán.

Pero más que de contactos, me gusta hablar de relaciones. Y es que, al final, no se trata de acumular gente que conoces, eso son contactos; se trata de sembrar relaciones.

Hablo por experiencia propia. De un simple café, muchas veces, surge un proyecto, una idea, una colaboración… y a veces todo ello va a acompañado de una bonita amistad.

No se trata de quedar y conocer gente para cerrar acuerdos o negocios en un primer contacto, esto es muy complicado. Como decía, para recoger la cosecha antes hay que sembrar. A veces surgen acuerdos más rápido y otras menos, pero se trata, sobre todo, de establecer relaciones a largo plazo.

Si no sabes por dónde empezar, te doy algunos consejos de cómo puedes lograr ese primer contacto.

Las redes sociales, hoy, nos permiten estar en contacto con casi cualquier persona en cualquier lugar del mundo y buscar aquellas que sean afines a nosotros. Redes como LinkedIn son realmente efectivas a la hora de encontrar profesionales próximos a tu negocio con los que puedes colaborar. O quizá te permitan conocer a alguien que puede ponerte en contacto con personas con el perfil que te encaja…

• Busca perfiles e información sobre los profesionales que te encajen.

• Establece tus objetivos. ¿Qué buscas? ¿Financiación, clientes, proyectos…? Esto te ayudará a cerrar el círculo anterior.

• Ensaya una carta de presentación verbal de 30 segundos. Algo que me parece fundamental en un profesional es que pueda definir de forma clara y breve a qué se dedica. Y que cualquiera lo pueda entender.

- Fíjate un objetivo. Decide el número mínimo de personas a las que quieres conocer y el plazo.
- No olvides las tarjetas de visita cuando quedes para ese café.
- Mantén una actitud positiva y, sobre todo, honesta.

También has de empezar a recuperar antiguos contactos tuyos. Personas que destacan por estar en línea contigo; personas a las que tienes un particular aprecio, tanto profesional como personal.

Intenta evitar a las personas extremadamente positivas y las extremadamente negativas.

El tipo de personas que te serán de gran ayuda son las que sean capaces de escucharte desde un punto de vista sano y crítico; las personas que te sabrán motivar, pero al mismo tiempo te indicarán las que, a su forma de ver, consideran tus áreas de mejora.

Te asombrarás cuando te des cuenta de las ideas y sugerencias que te llegarán y, una vez más, utilizando recursos que están en tus manos.

Cuando di el paso para montar mi nuevo futuro profesional pedí ayuda a muchas personas. Me entregué en cuerpo y alma a la labor de escuchar atentamente sus sugerencias y sus puntos de vista, siempre con el objetivo de analizar luego cada una de sus opiniones e ideas.

No tiene que avergonzarnos el hecho de pedir ayuda. Hoy la pedirás tú. Mañana, la vida, te obligará a cambiar de rol.

REGLA 8ª: "ACOSTÚMBRATE A REGALAR. NO HAGAS COSAS GRATIS"

A lo largo de nuestra vida profesional —y personal—, hay momentos en los que tenemos la impresión de "dar más" de lo que debiéramos. El efecto que tiene esta sensación es altamente nociva, tóxica diría yo.

Mi propuesta es poner conciencia en aquellas cosas que damos —sea tiempo, conocimientos, incluso amistad—. Poniendo conciencia en ello comprenderemos por qué lo hacemos. Comprendiendo por qué estamos "dando" algo podremos averiguar si es correcto o no lo que estamos haciendo, si debemos o no continuar dando. En definitiva, pondremos un valor a lo que damos.

Precisamente porque lo que "damos" tiene un valor, desde la conciencia sabremos cuándo y por qué hemos de hacerlo. Y, ¡atención!, hemos de incorporar una "modificación" sustancial en el modo de hacerlo, sobre todo en el modo en que pensamos y sentimos lo que hacemos.

Nuestro tiempo y nuestros conocimientos tienen un valor y, por lo tanto, cuando los damos sin, aparentemente, una contraprestación palpable, no hemos de pensar que "son cosas que hacemos gratis". Puesto que lo que estamos dando tiene un valor, lo que estamos haciendo es "hacer un regalo". Hemos de saberlo nosotros y ha de saberlo quién recibe nuestro regalo.

"¿Me puedes ayudar gratis?"

¿Cuántos de nosotros hemos escuchado en algún momento de nuestra vida esta frase? Seguramente muchos. Y últimamente, ¡aún más!

Sin maquillar lo que pienso, diré que considero que este es un gran cáncer de nuestra sociedad —por lo menos uno muy importante entre unos cuantos—. Pensar y esperar que los demás te regalen su tiempo, su esfuerzo y su trabajo de forma gratuita o esperando recibir algún día un porcentaje de unas ganancias que quizá vayan llegando, es algo que, en muchas ocasiones, mortifica a quien lo pide y dignifica a quien lo rechaza.

Uno de los motivos por los que nunca he trabajado gratis —y jamás lo haré— es porque considero que el propio concepto es equivocado —o que muchas veces se entiende de una forma equivocada—. Me explico, según mi manera de ver las cosas, existe una enorme diferencia entre trabajar gratis y regalar trabajo.

Trabajar gratis puede tener muchos efectos. Estos son algunos de ellos:

1.   Si una persona es capaz de aprovecharse de tu tiempo, nunca será capaz de valorarlo.

2.   La autoestima de una persona que trabaja gratis, desde el mismo momento en que comienza a hacerlo, baja. Y es algo lógico si tenemos en cuenta que no encuentra recompensa alguna a sus esfuerzos.

3.   Podría correrse la voz de que esta es su forma de hacer las cosas y entrar en un peligroso círculo que en nada beneficiaría a su carrera profesional.

Una cosa muy diferente es ayudar a quien lo necesita. Pero, en este caso, yo lo llamo "regalar trabajo "; y es algo que se hace de forma incondicional y sin esperar absolutamente nada a cambio.

En más de una ocasión he ayudado a algunos clientes a desarrollar su actividad o negocio sin cobrar ni pedir nada a cambio. Se trataba de personas que consideré que necesitaban ayuda en un momento determinado. Y me bastó con que me pagaran con un buen café.

¡Pero eso fue un regalo! En ningún momento les dije que les había ayudado gratis.

Te explico algo que me pasó y donde en absoluto me importó ayudar, aunque dejé, creo que bien claro, que no se trataba de ningún regalo y que lo que iba a hacer tenía un valor.

Un día recibí un correo de una persona que me había escuchado algunos meses antes en una conferencia que di en Barcelona. Me pidió una cita para ver si de alguna forma la podía orientar en su camino profesional.

El día que nos vimos, encontré delante de mí a una persona con un gran corazón y que necesitaba aquel empuje para poner en marcha su proyecto.

Le empecé a explicar todos los detalles de lo que tendría que hacer. Pero, a medida que avanzaba en mi relato, veía en su actitud una clara incomodidad.

Le pregunté si todo iba bien.

Me dijo que todo lo que le estaba contando le parecía perfecto, pero que él nunca se podría permitir poner en marcha todo lo que yo le estaba proponiendo.

En este punto, le invité a relajarse, a que no se preocupase por el coste económico ya que, según mi forma de ver la situación, era algo, en aquel momento, marginal.

Pude acabar con mi discurso.

Una vez acabé, le pedí que me diese una cifra, la que él pensaba que le habría costado poner en marcha aquel proyecto, y que lo hiciese teniendo presente que yo no iba a cuestionarle el importe.

Realmente, me daba igual la cifra que me diese. Sólo le estaba pidiendo que me pusiese un valor, que me diese un valor a mí, a mi tiempo y a mis conocimientos. La cantidad que me dijo era, más o menos, la quinta parte del valor real de la acción que le estaba proponiendo. No se lo dije y acepté ayudarle por aquella cantidad de dinero. Yo sabía que no importaba la suma con la que él había valorado mi trabajo: lo que importaba era que lo había valorado.

Empezamos a trabajar y, en los meses siguientes, por gratitud, esta persona me facilitó que me llegasen más clientes…

También es posible que te encuentres ante algún caso diferente, en el que alguna persona te proponga invertir tu tiempo, esfuerzo y trabajo en el desarrollo de un negocio que mañana podría transformarse en el Facebook del futuro. Y ante un caso de estas características, tu tiempo invertido de manera gratuita pasaría a convertirse en oro. Obviamente, ¡no vayamos a perder esta ocasión!

Si te encuentras en esta situación, o una similar, que te hace dudar a la hora de tomar la decisión de si trabajar o no gratis, te propongo que trates de analizar y valorar en profundidad estas diez cosas y que seas "positivamente" egoísta:

1.   ¿Cuánto tiempo hace que conoces a las personas que forman parte de ese proyecto?

2.   ¿Se trata de personas que consideras compatibles con tu forma de trabajar?

3.   ¿Analizaste bien el plan de negocio del proyecto?

4.   ¿Cuáles son las fortalezas y debilidades del modelo de negocio en el que te han propuesto trabajar?

5. Intenta mirar a 2 o 3 años vista… ¿Es posible que algún competidor mucho más fuerte que tú llegue a hacer lo mismo y queme todo el esfuerzo invertido?

6. Averigua si es realmente cierto que no hay disponibilidad financiera para pagarte, porque si se da el caso de que sí la hay, tienes un mensaje claro que el propio emprendedor no cree en su proyecto. Y así, ¡mal vamos!

7. ¿Conoces el sector en el que opera o pretende operar esta empresa? Si lo conoces te será mucho más fácil valorar si se están haciendo bien las cosas. Si no lo conoces, te sugiero mantenerte fuera, a menos que colabore en ella una persona de extrema confianza tuya, muy competente en el asunto, que te siguiera hacer lo contrario.

8. ¿Es un sector que realmente te gusta o estás tratando de que te guste porque es un sector en expansión? Trabaja en lo que de verdad te gusta. tu pasión te permitirá aguantar mejor el tiempo que le vas a dedicar.

9. ¿Tienes cubiertas ampliamente todas tus necesidades básicas? Esto es muy importante, no puedes invertir tiempo en algo apostando por beneficios eventuales cuando todavía no tienes cubiertos tus gastos fijos.

Siempre te he invitado a que mires los negocios con espíritu de abundancia, pero siempre te he dicho también que lo hagas con los pies en el suelo. Hasta que no tengas ingresos estables, concéntrate en lo que potencialmente te va a dar más ingresos con el menor esfuerzo y en el más corto plazo de tiempo. Recuerda que al principio tu empresa y proyecto son como una plantita recién nacida. Muchos días sin agua es algo que puede llevarla a la muerte. Ya tendrás el tiempo de diversificar más adelante.

10. ¿De dónde recortarás el tiempo para dedicar a esta actividad? ¡No lo quites del ocio y del tiempo libre! Todos necesitamos desahogarnos y tener un tiempo de relax.

Concluyendo… Cuando estés trabajando para hacer crecer tu negocio, intenta concentrar todas tus energías en él. Ya llegará el tiempo en el que tu volumen de trabajo —y de facturación—, te permitirá empeñarte para ayudar los demás.

Si lo haces antes, es probable que, al final, por no ayudarte a ti mismo, tampoco puedas ayudar a los demás.

Esto no quita que puedan darse ocasiones en las que dentro de ti nazcan las ganas de ayudar alguien, independientemente de que haya o no una recompensa económica. Pídete permiso para hacerlo y si la repuesta que escuchas dentro de ti es SÍ, lánzate sin pensártelo dos veces.

REGLA 9ª: "CUÍDATE Y PLANIFICA CON LA MENTE ABIERTA"

Inmersos en objetivos a corto, medio y largo plazo, tanto en lo profesional como en lo personal, hay ocasiones en las que nos vemos "arrastrados" por la inmediatez.

Cuando esto sucede —y sucede muy fácilmente—, nuestro mundo corre el riesgo de empezar a cerrarse. Corremos el riesgo de perder perspectiva y, sobre todo, de empezar a descuidarnos a nosotros mismos.

Así pues, una buena medida es ejercitar, voluntariamente, una actitud que nos permita tener la mente abierta. Con la mente abierta, podremos apreciar qué tenemos en nuestro pasado, a nuestro alrededor en el presente y visualizar qué probablemente nos espera en el futuro. El resultado es muy saludable porque resulta estimulante y enriquecedor, porque ahuyentamos el peligro de atormentarnos con el día a día y sus aparentes tropiezos, y siempre estamos listos para actuar, para corregir, para aprender, para soñar.

Todo lo que haces hoy, generará tu mañana, así que no olvides nunca tus objetivos. Esto es muy importante. Un emprendedor tiene que ajustar continuamente sus objetivos de corto y medio plazo para que, siempre, reflejen la ruta más corta para llegar al objetivo final: el largo plazo.

Cualquier cosa hagas, cualquier nueva propuesta de colaboración o negocio que llegue a tus manos, pregúntate si está en línea con tu objetivo final.

Tu planificación tiene que ser la más creativa posible.

Un emprendedor ha de ser creativo.

Acostúmbrate a ver negocios y oportunidades hasta debajo de las piedras.

Te ayudará mucho el hecho de seguir conociendo gente, porque a medida que tu networking crezca, automáticamente crecerán oportunidades y conexiones.

No te asustes. Que, quizá, nunca hayas tenido esta forma de pensar no quiere decir que no la puedas adquirir en un tiempo razonable. Pero, eso sí, tienes que empezar a hacerlo.

Cuando te dediques a este proceso creativo, deja fuera los problemas del día a día. Hazlo con la mente abierta.

Estuvimos hablando antes de la energía que muchas veces desperdiciamos. Tómate tu tiempo, aún cuando el trabajo parezca no permitírtelo, para dedicártelo a ti mismo. Puede parecerte una "pérdida de tiempo y energía", pero no lo es. Al contrario, es una forma muy provechosa de invertir tu tiempo y de alimentar tu energía.

A mí, por ejemplo, me ayuda muchísimo pasear. Los largos paseos me ayudan a asentar mis proyectos y a tener una visión de ellos que muy difícilmente me puede llegar estando solo delante del ordenador.

Así que, a medida que avances en tu camino, deja siempre un espacio para la creatividad y también un espacio para ti, para que disfrutes del camino y para que te vayan llegando aquellas intuiciones que serán las claves que te permitirán llegar a tu destino.

Busca TU lugar para cultivar la creatividad.

Puede ser un rincón de tu casa, una plaza de tu ciudad, un hotelito encantador de la comarca, una segunda residencia que tengas en la playa, el pueblo en el que has vivido de niño… Lo que sea y donde sea, pero busca ese lugar y transfórmalo, a partir de hoy, en tu lugar creativo.

Te habrás dado cuenta que me gusta mucho invitarte a que asocies situaciones emocionales con lugares. Emprender tiene mucho que ver con crear reglas y organizar las cosas… Este método, quizá, sea algo que tenga más o menos importancia para según quién, pero te invito a que, por lo menos, lo pruebes.

El cerebro necesita reconocer el ambiente de trabajo y distinguirlo del lugar de juego u ocio y del lugar para la creatividad.

Cuando ayudes a tu cerebro a reconocer tu lugar creativo, cada vez que tengas posibilidad de ir, podrás comprobar cómo la creatividad empezará a trabajar de forma casi instantánea… Porque, ¡sí!, estarás en su casa.

Yo, por ejemplo, tengo un pequeño piso cerca de la ciudad francesa de Niza y es donde intento escaparme cada vez que me doy cuenta de que necesito volver a revisar, creativamente hablando, mi situación.

La creatividad es una de las habilidades más importantes que debemos tener los emprendedores. No me puedo imaginar, sinceramente, a un emprendedor que no sea creativo. Es como querer pensar en un pájaro que no sepa volar... ¡No es concebible! No podría llamarse pájaro.

Las mejores ideas nos llegan cuando conseguimos desenchufarnos de lo cotidiano, de los problemas que nos atascan y agobian cuando nuestro propósito es conectar hacia el objetivo que alimenta nuestro negocio.

Déjate llevar. Apúntate, en tu lugar creativo, todas las ideas que te vayan viniendo, no las juzgues por ser demasiado ambiciosas o por ser aparentemente desproporcionadas con la situación que estás viviendo.

Hace tres años, durante uno de estos ejercicios creativos que te estoy invitando a hacer, apunté algo que quería hacer algún día: escribir un libro. En el momento que escribí aquel objetivo, me dio miedo no saber por dónde empezar. Hoy, a 36 meses de distancia, lo estás leyendo...

No te cortes, anímate a pensar en grande y, una vez lo tengas todo por escrito, empieza a priorizar cada una de las acciones que has ido apuntando. ¿Cuál de ellas pondrás en marcha en primer lugar? ¿Por qué?

Priorizar y ordenar estos micro proyectos, fruto de este flujo creativo, es otra tarea esencial. Aquí tendrás que apagar la llama de la creatividad y encender más bien la de tu espíritu emprendedor. Analiza uno a uno cada objetivo y priorízalo en base al objetivo final de tu negocio.

Si tu situación financiera todavía necesita asentarse, prioriza los objetivos que tengan un impacto directo en la cuenta de explotación de tu empresa. Lo dicho, ya llegará el tiempo para invertir en proyectos cuyos resultados son a largo plazo. Si no cuidas al principio el alcance de tu tranquilidad financiera, todo se hará mucho más complicado. Y en los momentos complicados, ser creativo se torna más difícil. Pero sin creatividad, como te decía, emprender se convierte en una ardua tarea, por no decir imposible.

REGLA 10ª: "¡VIVE SURFEANDO!"

Esta regla es el cierre perfecto para las 9 que la preceden. Me explico.

Muchos de los inconvenientes —o hablando abiertamente: errores— que se han detallado hasta ahora, además de humanos, son recurrentes. Si ponemos conciencia en ellos, si sabemos reconocerlos y aprendemos a actuar, podremos, en buena medida, subsanarlos.

Sin embargo, precisamente porque son actitudes recurrentes en nosotros y tal vez llevemos mucho tiempo practicándolas, es útil que no perdamos de vista que lo imprevisible de la vida es algo cotidiano, que nuestra capacidad para "controlar" lo que ocurre es mínima… La vida seguirá sorprendiéndonos con sus giros inesperados. Y hemos de adoptar una actitud permanente: "vivir surfeando".

A cada nuevo episodio, cada nuevo capítulo de nuestra vida, con todas las sorpresas que nos depare, buenas y malas, hemos de estar predispuestos a "surfear"; a sortear los reveses y aprovechar las olas favorables.

Si tenemos presente que así es como hemos —o podemos, que somos libres para elegir— de vivir, el resto de reglas y todas las reglas que hemos comprendido y practicado, volverán a nosotros para dotarnos de las herramientas necesarias que usar con tal de alcanzar "nuestra luna".

Cuando nos enfrentamos a un problema, cuando lo vemos venir, nos preocupa tanto el efecto que éste va a tener en nuestro negocio, que difícilmente encontramos la actitud mental necesaria para hacerle frente de la manera correcta.

Cuando llega una ola podemos hacer muchas cosas, pero lo que no podemos hacer es reducirle el tamaño. Si la ola es de 10 metros seguirá siendo de diez metros independientemente de cómo nosotros actuemos.

¿Qué hay que hacer entonces?

Pues mirar a nuestro alrededor y poner en fila, uno detrás de otro, todos los recursos que tenemos a nuestra disposición y que nos ayudarán a superar la dificultad puntual de forma eficaz.

Reconozco que hay que ser fríos y analíticos. No hay que detenerse en las cosas que no dependen de nosotros, sino que es necesario concentrarse en todo lo que SÍ podemos hacer para salir del problema.

Pidamos ayuda a nuestros colaboradores o amigos —volvemos a la importancia de saber pedir ayuda—, aplacemos las cosas menos urgentes y concentrémonos en la solución del problema.

Si hacemos esto, descubriremos que, a lo mejor, la ola ya pasó…. Y si no ha pasado, el impacto que tendrá sobre nosotros y nuestro entorno profesional se habrá minimizado.

Quizá nos demos cuenta de que hemos salido reforzados de esta experiencia; listos para hacer frente y superar olas más altas.

Dicho de otra manera, nos daremos cuenta de que ya no estamos sobreviviendo, sino que hemos aprendido a vivir, porque habremos aprendido a surfear con la vida y sus olas.

Te voy a contar al respecto una anécdota curiosa que me pasó hace unos años.

Desde que empecé a trabajar por mi cuenta me siguió y ayudó una compañera y amiga que vive a unos 2.200 kilómetros de distancia de Barcelona, en la isla de Tenerife. Ella se llama Guacimara.

Me llevó un par de meses aprender su nombre sin distorsionarlo y hoy, guiado por mi sentimiento de protección hacia todos mis amigos y colaboradores, me "enfado" cada vez que un cliente lo pronuncia mal.

En enero de 2014 decidimos vernos para poner las bases de nuestra colaboración. Habíamos ido ganando más clientes y empezaba a ser muy urgente estructurarnos mejor. La idea de pasar unos días en Tenerife, la verdad, tampoco me desagradaba. Y así quedamos.

Para aprovechar el viaje decidí organizar, con su ayuda, un curso sobre técnicas de marketing online para blogueros.

La verdad que la acogida al curso fue muy buena desde el principio. Había ya gente interesada y todo apuntaba a que hubiera podido llegar a ser un pequeño éxito. Pero, unos días antes de subirme al avión rumbo a Canarias, me llamó mi compañera comentándome que había ocurrido un problema: alguien que probablemente no tenía otra cosa mejor que hacer en su vida, había considerado interesante contactar con cada una de las personas que se habían ido apuntando al evento a través de Facebook para ponerlos en guardia, advirtiéndoles de que el curso que estábamos organizando con todo lujo de detalle iba a ser, en realidad, una estafa. Todas las personas apuntadas, se desapuntaron.

Llegaba la ola.

Algo que se había ido organizando, por nuestra parte, con tanto cariño y ganas, al final se iba a tener que anular por culpa de algún envidioso o, quizás, una persona asustada por la idea de que, algún día, le podríamos "robar" el trabajo. Sin palabras… No tardé en reaccionar.

Primero quise tranquilizar mi compañera sobre el excelente trabajo que había realizado y, luego, volvió a mi cabeza las enseñanzas de mi jefe Felice, de Milán: "salgamos del problema, mirémoslo desde lejos y tomemos la mejor opción que se nos pueda ocurrir"

Así lo hicimos: mantuvimos el evento en pie, invitamos a muchos interesados a un precio simbólico y ampliamos el tiempo dedicado al curso. ¿Resultado?

Fue un éxito. Vinieron casi treinta personas que luego comentaron, en las redes sociales, que el curso había sido de todo menos una estafa. Probablemente a los mal pensados que querían crearnos problemas, la broma que montaron contra nosotros, se les se le echó encima a ellos.

A esto me refiero: te irán pasando cosas desagradables. Y cuando ocurran, analízalas de forma fría, actúa inmediatamente e intenta aprender de ellas.

Lo de vivir surfeando tiene que ser tu nuevo estilo de vida.

PARTE 3ª LAS TRES FASES

Después de todo lo contado a lo largo de estas páginas, ha llegado el momento en que siento la necesidad de cerrar filas. Y quiero hacerlo ofreciéndote más ideas y puntos de reflexión.

Esta vez, lo dividiré en tres fases.

No, no voy a proponerte las fases de un proyecto empresarial —que pueden ser muchas y distintas según las características y complejidad del modelo de negocio que se quiera poner en marcha, porque no es lo mismo abrir un restaurante en el Puerto Olímpico de Barcelona, por ejemplo, que la consulta de un psicólogo en un pueblo de comarca—. No es este mi propósito ni interés. Ni, estrictamente, mi especialidad.

Lo que sí voy a proponerte son las, macro-líneas que, en mi opinión, pueden compartir todas las personas que, en un momento dado, deciden decir basta a una etapa profesional en la que han trabajado por cuenta ajena para empezar a trabajar por cuenta propia en un proyecto personal.

Es en este escenario en el que sitúo las tres fases que vamos a analizar.

Y así las he llamado:

FASE 1 o Fase Sherlock Holmes: No menosprecies ningún detalle. No pases por alto ningún detalle.

FASE 2 o Fase Cristóbal Colón: Sin prisa, pero sin pausa.

FASE 3 o Fase Neil Armstrong: A por tu luna.

Tres emprendedores bastante especiales, ¿no?

FASE 1: FASE SHERLOCK HOLMES

La Fase Sherlock Holmes es la fase en la que estás todavía trabajando en tu empresa actual, no te sientes motivado y, a veces, te preguntas si de verdad el sueldo que ganas te compensa vivir ocho horas al día —o más— entre las cuatro paredes de tu despacho, pasando más tiempo con tus compañeros y con tu jefe, que con tu familia y amigos. Es esa fase en la que te preguntas si realmente lo que tu trabajo o tu salario te ofrece compensa el no poder vivir ocupado en algo más atractivo y estimulante para ti.

En esta fase, el emprendedor que hay en ti pugna por salir a la luz, pero todavía no has alcanzado el punto en el que, inevitablemente, vas a decir "basta". Sin embargo, tú ya sabes lo que está pasando y que solo es cuestión de tiempo que lo hagas.

¿Qué hacer si estás viviendo esta fase?

1. Puesto que todavía estás trabajando por cuenta ajena, no lo dejes todo para lanzarte a crear tu propia empresa. Empieza a pensar y a planificar el cambio. No te lances a una piscina que aún está vacía. Llénala antes con el agua que vas a necesitar para empezar a nadar.

2. No esperes a estar completamente "harto" de tu trabajo para buscar soluciones porque, entonces, podrías tomar decisiones de las que podrías arrepentirte. Debes tomar decisiones de la forma más fría posible.

3. Empieza a moldear tu idea de proyecto. Analiza bien cuál es la actividad que te gustaría desarrollar en tu futuro.

4. Encarga un estudio de mercado. Un estudio de mercado puede orientarte de forma muy inteligente. Puede desaconsejarte recorrer el camino que estás planeando y aportarte nuevas ideas,

otros enfoques que contribuirán a que evites gastos inútiles; y a que te desfondes con un punto de partida equivocado.

5. ¿Consideras tener las capacidades y conocimientos técnicos suficientes para poder llevar a cabo tu nuevo proyecto? Contesta con objetividad. Si la respuesta es "no", identifica cuáles son tus áreas de mejora y aprovecha este tiempo en que tienes trabajo para empezar a mejorarlas.

6. Planifica tu futuro sin ponerte límites: imagínate dentro de 5 años. ¿Dónde estarás? ¿Qué estarás haciendo?

7. Cómprate un cuaderno para tomar notas y que dedicarás, exclusivamente, a tu objetivo: anota, uno detrás de otro, todos puntos que necesitarás atender para poder convertir en realidad tu proyecto.

No te preocupes ahora de cuándo necesitarás cumplir con cada uno de los puntos. No es una cuestión que tengas que analizar ahora. Es como cuando tenemos que preparar un pastel: empezamos reuniendo todos los ingredientes y luego ya vendrá el momento de medir, decidir de qué forma mezclarlos y con qué orden hacerlo.

8. Identifica un objetivo final, el sueño de tu vida, que esté más allá del negocio que ahora estás pensando en montar. ¿Qué te gustaría hacer el día en que el negocio que estás queriendo montar ya esté en marcha y te proporcione los recursos suficientes para poder ocuparte en alcanzar tu sueño de vida?

9. ¿Cuál es tu sueño de vida? No te preocupes si todavía no tienes clara la respuesta a esta pregunta tan trascendental. Si es esta la situación en la que te encuentras, ve trabajando la respuesta internamente. La respuesta, llegará.

Es importante que no dejes de preguntarte por tu sueño de vida, porque las personas con mayor éxito son las que trabajan para lograr objetivos que sobrepasan los límites del éxito empresarial.

10. Trabajando por cuenta ajena estás "vendiendo" tu tiempo para ayudar un empresario a que alcance "su" objetivo empresarial y de vida.

Mañana, cuando trabajes por cuenta propia, tú tendrás que ser capaz de generar los ingresos suficientes para que éstos te permitan lograr "tu" objetivo empresarial y personal.

Conciénciate de que este es un cambio radical.

Empieza a moverte en las redes sociales. Escucha, mira hacia dónde va el mercado, lee las historias de personas que ya han pasado por el camino que quieres recorrer e intenta, en lo posible, contactar con ellas para que te cuenten directamente sus historias.

11. No te agobies queriendo definir los detalles de tu negocio rápidamente: la prisa es la peor enemiga de un emprendedor. No trabajes con prisa, hazlo sin pausa y con rigor.

12. Prepara un "business plan" o plan de negocio bien estructurado. Si no te sientes con la capacidad de realizarlo por tu cuenta, pide ayuda a algún profesional del sector. Hay cosas sobre las que no puedes permitirte ahorrar. Un emprendedor que ahorra en las cosas importantes puede pagarlo muy caro… Hay muchos negocios que fracasan porque no han elaborado un buen plan de negocio.

13. Haz un plan de negocio ambicioso, pero realista; sin pasarte de optimismo.

14. ¿Tienes un plan B? Te animo a que identifiques soluciones alternativas para tu proyecto. Emprender es como jugar una partida de ajedrez. Hay que prever los movimientos del "otro" para imaginar tu contrataque correspondiente.

Las situaciones en las que te podrás encontrar te obligarán a cambiar de rumbo, modificar el enfoque y, a veces, hasta de producto o servicio. Mucho del éxito dependerá de ti, pero hay cosas que se será muy complicado controlar; así que, cuando te encuentres en una situación en la que te des cuenta de que tu modelo de negocio está en peligro, tienes que saber actuar y escoger de forma rápida y resolutiva un camino alternativo.

15. "De la tierra nadie se marcha con vida", dice la sabiduría popular. Y nadie discute esta afirmación. Pregúntate, entonces, "¿por qué te gustaría ser recordado en esta tierra?".

16. No empieces este viaje solo. Comparte esta inquietud con personas de confianza y déjate guiar también por sus sugerencias.

17. Escucha con agradecimiento a todo el mundo que consideres oportuno, pero finalmente toma tus decisiones de forma autónoma.

Es mucho más fácil disculparse a uno mismo por una decisión tomada de forma equivocada, que tener que disculpar a terceros por un fracaso propio.

18. No pidas ayuda u opiniones a personas extremadamente negativas o extremadamente positivas. Busca personas constructivamente críticas, que te apoyen, pero que te ayuden a identificar

y a anticipar puntos de atención, dificultades y carencias; personas que posiblemente te conocen muy bien.

19. En tu actual empresa, te sugiero que no hables con nadie de tu proyecto —tampoco con el compañero o compañera del cual siempre te has fiado—. Es un momento muy delicado. Desvelar tus planes antes de tiempo puede llevarte a tener que gestionar todo el proceso de una forma inesperada e incómoda: no merece la pena encontrarte en esta situación.

Esta es una fase muy delicada. De momento continúas en la empresa que te permite disponer de los recursos para vivir y no sabes todavía en qué momento podrás decir "basta". Sigue trabajando con la misma profesionalidad y empeño de siempre y recuerda que lo que estás planificando es algo que a muchos les gustaría tener el valor de hacer; así que, a veces, si explicas tus intenciones, en según qué ambientes de trabajo, pueden surgir envidias y alguien podría desvelar tus cartas antes de lo necesario…

20. Empieza a desconectarte emocionalmente de tu actual lugar de trabajo. Date cuenta de que en unos meses ya no pertenecerás más a esta estructura y que, por lo tanto, no merece la pena desperdiciar energías inútilmente en, por ejemplo, quejarte del puesto que ocupas o las labores que desempeñas.

Sigue dando el máximo de ti mismo, pero hazlo serenamente y sin pelearte con nadie.

Si antes estabas dispuesto a quedarte más tiempo en la empresa, fuera del horario oficial, piensa que ahora ese tiempo es muy importante para ti, así que, si has terminado a tiempo tus tareas en la empresa, sal a tu hora y dedica tiempo a tu proyecto.

Aprovecha tus energías y esfuerzos mentales, concéntrate en crear tu futuro. Te darás cuenta que, al mismo tiempo que la planificación de tu proyecto de futuro avanza, las cosas que antes te molestaban en tu actual trabajo, dejarán de hacerlo.

Dicho de otra forma... ¡Resiste, que ya queda poco!

22. Del mismo modo que en el punto 13 te recomendaba que hiciesen un buen plan de negocio, ahora te recomiendo que lleves a cabo un estudio de mercado. Si no estás capacitado para hacerlo tú mismo, encárgalo a un profesional. Este es otro de esos gastos en lo que no debes ahorrar. Un estudio de mercado puede ayudarte a focalizar en las áreas más interesantes para tu negocio, y quizá no coincidan con las que, a priori, tenías en mente.

23. Analiza la competencia. Detecta sus puntos fuertes y sus puntos débiles.

24. Pregúntate: "¿Compraría mi producto o servicio? ¿Por qué?". No vale decir porque tu empresa es la mejor, es demasiado genérico. Además, también tu competencia va a ser muy buena.

Busca qué te hace objetivamente diferente y mejor respecto a los demás.

25. Si quieres vender un servicio o un producto que nadie nunca ha conseguido vender antes, pregúntate el por qué. Puede que estemos frente al producto del siglo o delante de algo que será muy complicado vender. Y es importante saber si es lo uno o lo otro.

26. Búscate un buen asesor financiero. Pregunta a tu alrededor, los mejores asesores se encuentran gracias al boca-oreja. Y

pídele que te asesore correctamente sobre la mejor forma jurídica para tu empresa.

Tus condiciones particulares y las del negocio que vas a emprender pueden hacer recomendable una S.A., una S.L., que ejerzas como autónomo, o cualquier fórmula posible según el país en el que te encuentres y su legislación específica.

27. Hay quien sostiene —y entre ellos estoy yo—, que entre un emprendedor de éxito y uno que fracasa, una de las diferencias más importante es la constancia y perseverancia.

Un emprendedor de éxito ha de levantarse siempre decidido y convencido de que, cada día, va a ser mejor; de que cada día va a conseguir un nuevo logro. Y si un día y otro eso no ocurre, el emprendedor de éxito seguirá levantándose con la misma actitud constante y perseverante.

Analiza objetivamente tu forma de ser porque si actualmente no consideras tener estas virtudes, es imprescindible que encuentres los recursos suficientes y necesarios para desarrollarlas.

28. Vete haciéndote a la idea de que, una vez decidas dar el salto, probablemente, las vacaciones son algo que difícilmente vas a disfrutar. Al menos, por un tiempo, que puede ser más o menos largo.

Pero esto no tiene por qué preocuparte: el concepto que tienes hoy de vacaciones como momento en el cual desconectar de una situación incómoda y estresante, mañana tomará un significado completamente distinto.

Lo que a mí me ha pasado, y lo veo en casi todos mis clientes, es que cuando hacemos lo que de verdad queremos hacer, cuando nos ocupamos en algo que nos motiva y conseguimos, por fin, tener en nuestras manos las riendas de nuestra vida profesional, automáticamente, las vacaciones se hacen menos necesarias.

Claro que es importante, y lo hemos dicho en muchas ocasiones en este libro, que sepamos encontrar regular y frecuentemente situaciones de ocio que equilibren las de la gestión de tu negocio. Pero verás como la vida profesional y personal empezarán a mezclarse, esas ansias de que llegue el fin de semana o el mes de agosto para desconectar unas semanas, sencillamente, dejarán de agobiarte.

La fase Sherlock Holmes es, como puedes ver, una fase delicada. Pero también muy bonita.

Te obliga a empezar a mirar hacia el futuro, a planificarlo, a verlo con esperanza y positividad. Te darás cuenta de cómo, pasito a pasito, tu objetivo se irá acercando.

Recuerda siempre que los grandes pasos no hay que darlos de golpe.

Aprovecha este momento para mirar hacia tu nueva etapa con esperanza, pero también con el rigor necesario, que te permita poner unas bases sólidas a tu proyecto.

Lo más impresionante es que, a medida que te des cuenta de que tu sueño sí se puede realizar, se te hará mucho más llevadero tu trabajo actual. Dejarás de enojarte. Muchas cosas ya no te afectarán porque sabrás que es solo cuestión de tiempo que llegue el día en que dirás "basta": está a la vuelta de la esquina.

FASE 2: FASE CRISTÓBAL COLÓN

Esta es la fase del vértigo. ¿Listo?

Para esta fase es importante que hagas acopio de todos tus recursos energéticos. Aquí no jugamos. Esto va en serio. Ya no estamos planeando, diseñando, imaginando. Estamos "haciendo". Se trata de emprender un viaje lo más corto posible para llegar a tierra firme lo antes posible. Aquí vamos a necesitar reflexión y análisis, pero también vamos a necesitar tener presente algo de lo que ya hemos hablado anteriormente: la importancia de tomar decisiones de forma rápida.

29. Ahora que ya estas fuera de la empresa y no tienes que ser reservado con tu proyecto. Aprovecha, ahora sí, para estructurar de una forma profesional y eficiente tu presencia en las redes sociales.

30. Sé consciente que los momentos de escasez económica son los que nos obligan a la máxima creatividad. Si eres consciente de ello, sabrás verle su lado más positivo y no te oprimirá fácilmente la preocupación, ni te angustiarás innecesariamente.

31. Vive este momento con serenidad. Estás en una fase difícil, pero es la que te llevará a tu objetivo. Trabaja duro pero, sobre todo, disfruta de cada etapa.

32. Si vives, de repente, un momento puntual de desmotivación, párate a reflexionar sobre todas las cosas que has conseguido llevar a cabo hasta ese momento: reconectar con tus éxitos y con los logros alcanzados te dará inmediatamente la fuerza necesaria para seguir adelante.

33. Lánzate a ser la cara visible de tu empresa. Esto alimentará la confianza de tus potenciales clientes y los resultados llegarán mucho más rápido. Te animo a que lo hagas.

He conocido personas que han preferido no dar directamente la cara, que han preferido dejar imaginar a los clientes que la suya era una empresa estructurada con empleados, etc. No te recomiendo que tú lo hagas. Cuando hablamos con un cliente es como cuando hacemos una entrevista de trabajo. Mentir no sirve para nada.

De momento lánzate con tu cara, tienes que ayudar a tu empresa a crecer gracias a tu profesionalidad y experiencia ¡Los primeros clientes vendrán y te comprarán porque estás tú, porque confían en ti! Así que, cuanto mayor sea tu visibilidad en tu negocio, ¡mejor!

Estar presente en las redes sociales de una forma precisa y profesional, como indicaba en el punto 29, significa cuidar cualquier imagen, sonido, vídeo, cualquier noticia que publiques. Si no vas a estar atento a estas cuestiones, entonces es mejor no estar.

34. Cuidar tu presencia en las redes significa, también, no dejar que se compartan, en tus perfiles sociales, materiales audiovisuales que no estén en línea y coherencia con la calidad que quieres transmitir de tu empresa o de tu marca. La presencia de este material ajeno a ti y a tu compañía puede distorsionar la percepción de los potenciales clientes que te encuentren y sigan en las redes.

36. Cuida y haz crecer tu marca personal. Independientemente de que decidas abrir un restaurante, una peluquería canina, un "bed and breakfast" o un gabinete para ofrecer terapias naturales, debes saber que tu marca personal, al principio, valdrá mucho más que la marca de tu producto o servicio. Desarróllala y haz que juegue un papel importante de apoyo para tu empresa.

37. Cuida tu red de contactos, favoreciendo oportunidades de encuentro periódicas.

Llámalos, cuídalos, reserva tiempo en tu agenda para sentarte con ellos, aunque sea para tomar un café.

Interésate siempre por ellos y sus negocios y no pierdas la ocasión de darles tu punto de vista, sugerencias o ayuda. Esto se puede lograr, independientemente de que vivamos o no en la misma ciudad. Mi sugerencia no es la de vernos físicamente si esto no es posible.

Se trata de que la otra persona sea consciente de que se puede fiar de ti, que estas allí, a su disposición en caso de que lo necesite.

38. Crea a tu alrededor una imagen positiva y serena. Me refiero a que, durante tu camino, siempre tendrás que enfrentarte a situaciones complicadas que probablemente te harán dudar, puntualmente, de lo que estás haciendo. Es normal. Lo que no tienes que hacer en estas situaciones es externalizar estos momentos puntuales de "pánico". Somos lo que trasmitimos.

Hay quien mal interpreta el concepto según el cual en las redes sociales tenemos que entregarnos al 100% y ser lo que somos.

Utilizar bien las redes sociales quiere decir ser conscientes del impacto que nuestros mensajes pueden tener y de qué forma los demás pueden hacerse una idea de nosotros. Así, intenta dejar para ti los momentos más complicados y, si decides compartirlos con tus seguidores, hazlo meditando muy bien el tipo de mensaje que quieres transmitir.

39. No pases nunca desapercibido.

40. Ayuda otros emprendedores en la medida de tus posibilidades, y no lo hagas por tener una ventaja económica directa.

41. Solicita ayuda, siempre reconociendo el trabajo que representa la ayuda recibida.

Pagar a un colaborador por una colaboración, aunque haya sido una colaboración puntual, te posicionará en una situación de libertad: trabaja, en lo posible, sin tener que deber nada a nadie.

42. Procura actuar siempre sin tener que pedir ni dar nada a nadie. Te sugiero no pedir trabajo a nadie si no tienes dinero para reconocer las horas que se te han dedicado.

Pero si te encuentras en una situación en la que has de tener una deuda, no te preocupes. Toma conciencia de esta situación y ponle remedio lo antes posible.

43. Adelanta cada día algo en tu proyecto.

Analiza los avances del día de forma rápida antes de acostarte.

En caso de que te des cuenta de que, durante un día, no ha habido ningún avance, no te estreses. Toma conciencia de ello y actúa al día siguiente.

44. Emprender con éxito es participar en una carrera de largo recorrido. No tengas prisa de ver los resultados. Si trabajas con método y planificación, irás superando etapas y los resultados llegarán en su momento.

Cuando sales de la empresa es normal que tengas urgencia por hacer muchas cosas, por ver tu día lleno de actividades porque, si no, tu sensación es la de no hacer nada.

Párate y respira hondo.

Date cuenta que acabas de dejar la rueda del hámster. Estabas, hasta ayer, en una situación que te requería correr a 1000 kilómetros por hora. Ahora, no.

No quiero decir que mañana no tengas que correr al doble de velocidad, a 2000 kilómetros por hora. Pero, hoy, seguro que no.

Disfruta de esta etapa. Trabaja duro, pero sin agobio. El agobio solo representará un obstáculo para el desarrollo natural de tu idea de negocio.

45. Cuando te des cuenta que, en un momento puntual, estás en un bucle, dando vueltas a las cosas sin conseguir llegar a ningún final: cierra todo y cambia de tarea.

Vete a pasear o a hacer deporte.

Recuerda que ahora eres dueño de tu tiempo.

Si en un determinado momento no eres creativo y te das cuenta de que no consigues sacar nada bueno adelante, aplaza todo para mañana si puedes.

Si este estado perdura, reúnete con otros amigos emprendedores y explícales lo que te está pasando. Seguro que ellos han pasado también por esta situación y te sabrán ayudar mejor nadie.

46. Participa de forma activa en eventos para emprendedores y no tengas miedo de compartir con ellos tu experiencia.

47. Hay emprendedores que empiezan una actividad por el dinero que pueda llegar a generarles. Otros lo hacen por la ilusión de transformar una idea que les apasiona en realidad. Intenta formar parte de este último grupo de personas.

48. Debes ser consciente de que ser emprendedor es ser creativo. Lo hemos dicho en varias ocasiones. Cada día tienes que tomar decisiones intentando imaginar cómo será el futuro; y las únicas herramientas que tienes para decidir son el presente y el pasado.

49. Ser emprendedor requiere de una fuerte seguridad en uno mismo para poder aguantar y superar el estrés de la incertidumbre cotidiana. Si piensas que esta es para ti una dificultad, antes de avanzar, te sugiero que intentes pedir ayuda para mejorar tu capacidad de resistencia. Es una habilidad que, una vez adquirida, te permitirá viajar mucho más rápido y, sobre todo, superar de forma ágil muchas de las dificultades que encontrarás durante el camino.

50. No pierdas tiempo en analizar lo que piensan los demás de ti. Es una energía gastada en algo totalmente inútil. Si tenemos miedo de las criticas mejor no hagamos nada.

No tengas miedo de recibir críticas por tu forma clara y directa de actuar. Dijo Jeff Bezos, fundador de Amazon, "si tienes miedo a las críticas mejor no hagas nada, porque en la vida, así como en los negocios, es difícil que llegues a ser exitoso si nunca te critican".

51. Si en nuestro camino profesional no somos capaces de generar algunas envidias a nuestro alrededor, quiere decir que no estamos haciendo las cosas de la forma correcta.

52. Podrás tener el producto o servicio mejor del mundo; pero si no eres capaz de comunicarlo de la forma adecuada, todo tu esfuerzo será completamente inútil.

El primero en vender será el que sea capaz de comunicarse de la mejor forma.

Seguirá vendiendo el que sea capaz de ofrecer un producto de calidad.

Trabaja para ser el primero en vender. Y vendiendo un producto de calidad seguirás vendiendo más.

53. Acostúmbrate a ofrecer servicios que defino WOW. El servicio WOW es el servicio que dejará a tu cliente con la boca abierta por el simple hecho de que no se lo esperaba.

54. La actitud con las que nos enfrentamos a nuestros retos es lo más importante. No dudes nunca del éxito que vas a tener. La mente es muy poderosa y tener una actitud positiva hacia la vida y hacia los negocios nos devolverá cosas positivas.

55. Acostumbra a tu cerebro a hacer las cosas de forma "distinta". Practícalo también en las situaciones más sencillas de tu cotidianidad. Ganarás en flexibilidad mental.

56. Trabaja cada día para que estén siempre alineados tus objetivos de corto, medio y largo plazo.

57. Mira hacia adelante, hacia el final de la carretera, porque solo así evitarás salirte de la vía en la primera curva que te encuentres.

58. Sé flexible en tu estrategia: ajusta el rumbo de tu navegación a medida que cambien las situaciones externas que te rodean.

59. Rodéate de personas positivas. Busca colaboradores capaces de enamorarse de tu proyecto, no solo personas que quieran tener un empleo o aumentar su facturación.

60. Sé exigente con los demás en la misma medida que lo seas contigo mismo.

61. No te enojes con clientes exigentes. Los clientes más exigentes son los que te ayudarán más en tu camino.

62. Intenta, en lo posible, no depender de préstamos de los Bancos. Crece gracias a tus recursos propios y a tu esfuerzo personal. Indudablemente, el desgaste es mayor, pero hay muchos menos riesgos. Y dormirás mejor.

63. Trabajar desde tu casa es bueno, pero no te sugiero que se convierta en una costumbre.

Es muy subjetivo, lo sé, pero intenta conseguir pronto los recursos para invertir en un despacho, quizá compartido, que te obligue a diferenciar lo que es tu vida privada de lo que es tu vida profesional.

Aunque pienses lo contrario, trabajar desde un despacho casi siempre te permitirá trabajar con más productividad y concentración.

64. No actúes de forma preconcebida delante de ninguna oportunidad que se te represente. Acostúmbrate, esto sí, a valorarla y decidir rápidamente si merece o no ser analizada de forma más profunda. Para ayudarte en esta decisión siempre pregúntate si es una opción que te acerca o te aleja de tu objetivo final.

65. Tarde o temprano serás invitado a trabajar gratis a cambio de tener una parte del proyecto en el que ayudes.

No se puede generalizar, pero en estos casos, te invito a analizar siempre bien la situación y, sobre todo, a los profesionales que forman parte del proyecto.

Especialmente al principio de tu actividad, no desperdicies energías en demasiadas actividades que no tengan un claro y rápido retorno económico. Con el tiempo todo se podrá valorar, pero hasta que tu empresa no alcance la estabilidad económica, recuerda que cualquier resfriado te puede pasar factura.

66. Piensa en grande. No limites las aspiraciones de tu proyecto nada más empezar.

Personas que arrancan su discurso diciendo "quiero trabajar por mi cuenta y mientas me dé para vivir estaré más que satisfecho", son personas que buscan autoempleo. Una frase así, un emprendedor nunca la diría.

Buscar autoempleo no es ni bueno ni malo, pero sí es importante subrayar que el emprendedor tiene una evolución mucho más compleja que alguien que busca auto-emplearse.

67. El mundo está lleno de oportunidades de negocio. Algunas más complicadas de alcanzar que otras, pero cada uno tiene la que puede alcanzar.

Acostúmbrate a darte cuenta que existen.

No te desmotives si al principio no las ves y te "las roban" delante de las narices. A todos nos ha pasado. Pero sí debes trabajar cada día para desarrollar este "sexto sentido"... Ya habrás entendido que, para un emprendedor, es el más importante de los "seis".

FASE 3: FASE NEIL ARMSTRONG

Bueno, ¡vámonos a la Luna! Esta fase es en la que, por fin, puedes empezar a disfrutar. Has dejado tu antiguo trabajo, has planificado tu nueva vida profesional, la has puesto en marcha, ¡y estás viajando directo hacia tu luna! ¡Fantástico!

Si has llegado hasta aquí, lo primero que tienes que hacer es felicitarte. Lo que has vivido hasta llegar a este punto, merece un gran respeto. Empezando por el tuyo propio. ¡Inspira!, ¡llénate los pulmones de ese orgullo que te pertenece y es todo tuyo!

Bien, ahora he de darte una noticia: Tu luna está frente a ti, pero sigue estando muy lejos.

Has construido tu nave espacial y estás viajando hacia la Luna, sí. Y es normal que, a estas alturas, haya momentos en los que te sientas cansado.

Tómate tu tiempo cuando eso ocurra, pero mantente alerta. Ten cuidado, porque tu negocio es todavía débil y no puedes bajar la guardia... Has logrado mucho, pero aún te falta mucho por hacer.

68. A principio de año, dedica un tiempo para desarrollar un plan comercial. Ponte objetivos de venta ambiciosos, pero alcanzables. Confronta siempre cómo se ha cerrado el mes respecto a los meses anteriores y, a partir del segundo año, compara el cierre de cada mes con lo que fue el cierre de ese mismo mes en el año anterior.

69. Acostúmbrate a trabajar con KPI (Key Performance Indicator). Es decir, con parámetros que midan los principales indicadores que intervienen en el desarrollo de tu negocio. Cada negocio tiene el suyo.

Por lo general podemos hablar de número de clientes nuevos, facturación, costes, número de seguidores en redes sociales, número de visitas a tu página web, etc. Ten controlados los factores que más influyen en tu negocio y acostúmbrate a medirlos y controlarlos de forma periódica.

70. Analiza semanalmente la interacción que tienen tus redes sociales, ¿estás creando una comunidad alrededor de tu marca?, ¿está interactuando tu comunidad de la forma que te esperabas?

71. No pierdas ocasiones de buscar oportunidades, sinergias o colaboraciones con otros profesionales.

72. Busca tus mejores competidores y elige tus mejores puntos de referencias —más allá de tu país—. No pierdas nunca la oportunidad de analizar sus estrategias y su forma de actuar. ¿Hay alguna idea que podría ser implementada en tu realidad?

73. No todo es trabajo. Tómate tu tiempo para disfrutar de la vida porque solo así podrás tener la tranquilidad y frescura mental para que te sigan llegando ideas creativas.

74. Alimenta la creatividad, practica deporte, vive sereno y goza de tu actual situación, aunque todavía no hayas logrado llegar a tu luna.

75. Eres un emprendedor, no te puedes derrumbar al primer fracaso o subirte por las nubes cuando tengas el éxito en tus manos.

76. Hay cosas que necesitan su tiempo. No por trabajar 24 horas al día y siete días a la semana llegarán más rápido. Como decía Warren Buffett, "no se puede dar a luz a un bebe con el embarazo de nueve mujeres".

77. Toma los errores o fracasos como momentos para crecer. Cierra capitulo solo en el momento en que hayas entendido perfectamente lo que ha pasado. Cualquier error o fracaso que vivas ha de tener una causa bien identificada para que mañana no la vuelvas a repetir.

78. Delante de los éxitos puntuales, disfrútalos de forma razonable. Disfruta porque los has logrado con tu sudor y tu esfuerzo.

79. Comparte tus éxitos con los demás. Comparte cualquier situación que suponga, para ti un éxito. Compártelo con tus amigos más cercanos o con tus compañeros.

80. Haz sentir a tu equipo parte de tu proyecto. No necesariamente solo el empleado en nómina es el que más apego va a tener a tu marca.

Comparte con tu equipo tu visión, tu proyecto, ponlos al día de los avances y verás como toda la gestión será mucho más fácil. Dicho de otra manera, transfórmate en el mejor cliente para tus proveedores.

Cualquier persona que tiene un papel en hacer crecer tu negocio forma parte de tu equipo. La persona, por ejemplo, que te ayuda en las tareas domésticas forma parte de tu equipo, porque te permite que dediques tu tiempo a otras actividades que no sean las de cuidar tu casa.

Equipo es un grupo de personas que te están ayudando, cada una con su rol, a lograr tu objetivo.

81. Crea a tu alrededor una atmósfera sana y positiva. Asegúrate que los demás perciban los valores que quieres transmitir.

82. Sé directo y resolutivo en tus relaciones laborales. Si no estás satisfecho con el trabajo hecho por un colaborador tuyo, busca y encuentra la mejor forma posible de decírselo; pero no demores el hacerlo porque correrás el riesgo de enrarecer la situación y prolongar resultados insuficientes o inadecuados.

83. Los clientes no siempre tienen la razón. Cuando esto pasa hay que explicárselo de forma educada, pero muy clara y firme.

84. No te encariñes nunca de tu empresa o de tu proyecto. Hay muchos emprendedores que han quebrado por querer aplazar la muerte anunciada de su proyecto. Si las cosas no van bien y no es posible solucionarlo, hay que reconocerlo lo antes posible y tomar las acciones correspondientes para que las pérdidas económicas, personales y emocionales sean las menores posible.

85. La flexibilidad será tu mejor virtud. Aliméntala y ejercítala cada día.

86. Prepara una lista de tareas a desarrollar. Las cosas que tengas que hacer cada día (gestionar tus redes sociales, por ejemplo), cosas que tengas que hacer cada semana (planificar la semana siguiente, escribir en tu blog, etc.) y cosas que tengas que hacer cada mes (controlar la tendencia de tus ventas, etc.).

Intenta concentrar tus días según cada actividad. Por ejemplo, el lunes lo dedicarás a reuniones comerciales con nuevos clientes; el martes y miércoles para atender tus clientes actuales; el jueves para adelantar temas operativos (faena pura y dura para entendernos); y viernes para analizar la semana, gestionar temas administrativos y planificar la semana siguiente.

Esto te ayudará a optimizar tu tiempo.

87. Analiza de forma minuciosa la rentabilidad de cada uno de tus clientes, productos o servicios. Si la rentabilidad real no llega a la esperada, plantéate una modificación de las tarifas y, en caso de que éstas no sean aceptadas, valora la posibilidad de cerrar relaciones comerciales o replantear el servicio.

88. Negocia porcentajes comerciales de ganancias interesantes (15%-20%) en caso de que alguien te consiga clientes. Tu objetivo, al principio, es que tu acción comercial sea un gasto totalmente variable (un % sobre las ventas), ya que probablemente no tendrás el dinero para poder pagar la nómina de un comercial.

89. Acostúmbrate a conectar cosas y personas. Este es un proceso creativo que será fundamental para el desarrollo de tu negocio. Cada vez que encuentres una persona, intenta ver de qué forma su perfil puede ser de ayuda o compatible con el perfil de otro profesional que forma parte de tu red. A medida que vayas creando sinergias a tu alrededor, las sinergias te irán encontrando a ti.

90. No te rindas nunca. Todos podemos tener días buenos y menos buenos, pero un emprendedor, por definición, no puede tirar la toalla. Si has llegado hasta aquí, has de tenerlo claro.

Te recuerdo lo que decía Édison delante de los muchos fracasos que tuvo antes de encontrar la solución definitiva que le llevó al descubrimiento de la bombilla: "no fracasé, solo descubrí 999 maneras de cómo no hacer una bombilla". Esta tiene que ser tu actitud.

91. Sigue analizando continuamente todos tus gastos, organiza reuniones con bancos para mejorar situaciones de comisiones bancarias, mira todas las tarifas telefónicas y busca la que mejore tu gasto actual, etc. Siempre existe la posibilidad de ahorrar en tus gastos fijos; y la tarea de buscar estas oportunidades es algo que nunca puede parar.

92. Aprende de los clientes insatisfechos. Son los que más te ayudarán a mejorar tu servicio de cara al futuro.

93. A medida que tu negocio avance tienes que aprender a decir que no. "No" a clientes que quieran condiciones nunca vistas; "no" a proveedores que quieran subir el precio de sus servicios sin justificación; "no" a personas que te irán proponiendo cada día ayudarles a montar el negocio del siglo... No permitas que nadie gestione tu agenda y tu tiempo.

94. La vida es muy corta para compartirla con personas que no estén en tu misma honda. Si te encuentras con proveedores o clientes que no respetan tu forma de trabajar y los valores de tu empresa, corta lazos rápidamente y olvídate de volver a hacer negocios con ellos.

95. Disfruta de cada instante de este viaje.

96. Pregúntate siempre el "para qué" de cada acción que lleves a cabo. Si te encuentras encerrado en una situación de la que te parece imposible salir, pregúntate para qué quieres salir de ella y cuál es la razón que te ha llevado hacia ella. Verás que, respondiendo a estas dos preguntas, encuentras la solución.

97. Un emprendedor, sobre todo en su arranque, debe tener la capacidad de desarrollar una visión de "micro" y de "macro" a la vez. Tendrá que saberse dividir entre momentos en los que hay que trabajar la visión estratégica de la empresa y momentos en los que hay que sumergirse en la pura operativa del día a día.

98. A medida que entren recursos económicos en tu negocio invierte en ti. Libérate delegando las tareas más operativas y de bajo valor añadido y concéntrate en la visión a largo plazo.

99. No te encariñes con tu negocio. Encariñate con tu nuevo estilo de vida. El modelo de negocio que has creado no deja de ser un producto en sí mismo. Los productos tienen una vida definida, libérate de él cuándo te des cuenta de que ha llegado el momento de lanzarte en otro proyecto, otro negocio más rentable.

100. Cuando tu facturación vaya aumentando, se incrementarán también las ineficiencias. Necesitarás mejorar tu organización interna, determinados costes podrán ser reducidos… Y si sube tu facturación es probable que tengas más poder de contratación con algunos proveedores, como bancos, etc.

101. Cuida los gastos de tu empresa, no solo cuando las cosas no van de la forma que te gustaría. Aprovecha los momentos de crecimiento de tu negocio para guardar el dinero que te hará falta en los momentos difíciles.

102. Crear una buena reputación es un trabajo que dura años. Perderla, en cambio, es un trabajo de segundos. Nunca bajes la guardia; la excelencia en tu trabajo debe que ser tu principal religión.

103. Pide siempre la opinión de las personas que te quieren. Justamente las ideas y opiniones de los que más te quieren son las más valiosas, porque son las que intentan hacerte crecer. Si 10 personas que te quieren te dicen lo mismo, hay que pensárselo

104.   Cualquier cosa que hagas, seguro que se puede hacer de otra manera mejor. Acostúmbrate a revisar siempre tus procesos, aunque estén consolidados en el tiempo. Seguro que encontrarás una forma más eficiente de llevarlos a cabo.

Y por último....

105. Disfruta de la vida y de todas las experiencias que te permite vivir, porque la vida son dos días y estos dos días merecen ser vividos de la forma más feliz posible.

EPÍLOGO

Querido lector:

Hemos llegado al final de este camino. Pero no quiero despedirme de ti sin trasladarte algunas pequeñas y últimas reflexiones.

Ser emprendedor, tal y como yo lo concibo, es algo que va más allá de un simple y metafórico "sombrero" que hemos llegado a ponernos algún día en nuestra cabeza.

Ser emprendedor representa, para mí, un estilo de vida y, de alguna forma, un instrumento fantástico para dar valor a nuestra existencia, sobre todo cuando nuestro esfuerzo empieza a generar riqueza y felicidad también hacia los demás.

Como te adelantaba al principio de este libro, los veinte puntos que te acabo de presentar han sido el resultado de mis reflexiones y tienen su fundamento en mi experiencia personal. En ningún momento te los he querido presentar como una verdad absoluta o pretendiendo que tú te sientas necesariamente identificado en cada uno de ellos. Me permito, simplemente, invitarte a que encuentres pronto los tuyos, los puntos que sean tu brújula y que podrán ser iguales a los míos o diferentes.

Vive la puesta en marcha de tu negocio con seriedad, rigor y profesionalidad. Pero, sobre todo, disfruta de cada paso que des en este camino. Vívelo plenamente y diviértete.

No tengas prisa, pero trabaja sin pausa.

Anima a tu alrededor y hazte animar por él. Estás a un paso de empezar, probablemente, uno de los viajes más fascinante de tu vida. Un viaje complicado pero muy enriquecedor, que te permitirá confrontarte contigo mismo, con tus virtudes y con tus áreas de mejora.

No llegues nunca a juzgarte. Y tampoco lo lo hagas con los que se crucen en tu camino.

Al final, cada uno de nosotros estamos aquí para alcanzar nuestra luna y, si trabajamos bien guiados por nuestros valores, tarde o temprano llegaremos a plantar en ella nuestra bandera.

Confía, pero recuerda que las cosas necesitan su tiempo y sus fases. Todo llega, pero en su debido momento.

Un abrazo y gracias por leerme.

¡Hasta pronto!

Erick Canale nació en Cuneo (Italia), en 1975.

Licenciado como Ingeniero en Organización de Empresas y Máster en Creación de Negocios en Internet y Máster en Coaching con PNL. Vive en Barcelona desde el año 2004 y trabaja entre España e Italia.

Después de años dedicado al mundo de la empresa, formando parte del staff directivo de una importante multinacional, en 2003 dijo "basta" a un estilo de vida que no le proporcionaba la felicidad deseada y emprendió su propio camino profesional y personal .

Convencido de que **"la principal misión de un ser humano, en este lugar llamado mundo, es encontrar la felicidad y cuanto antes mejor"**, Canale se ha orientado profesionalmente al mundo de Internet, trabajando en el posicionamiento de marcas y negocios digitales, recordando siempre que trabaja por y para personas.

CEO de la agencia de Marketing Online JEZZ Media, Canale ahora disfruta del estilo de vida que ha construido para sí mismo de acuerdo a sus valores y deseos, y contribuye a que otros profesionales alcancen sus objetivos profesionales y personales.

Twitter: @E_Canale
Instagram: @erickcanale
WEB personal: www.erickcanale.com

Gracias es mucho más que una palabra...

Georgina Mallafré, Beatriz Barrera y yo te queremos dar las gracias porque, con la compra de este libro, estás contribuyendo de forma activa en la asociación YOUNG HOPES que creamos juntos, a mediados de 2017, con la ilusión y objetivo de crear y hacer crecer proyectos que ayuden a niños y jóvenes en situaciones desfavorecidas.

Podrás saber más sobre nosotros en la página web
www.younghopes.org

www.ingramcontent.com/pod-product-compliance
Lightning Source LLC
LaVergne TN
LVHW041154080426
835511LV00006B/596